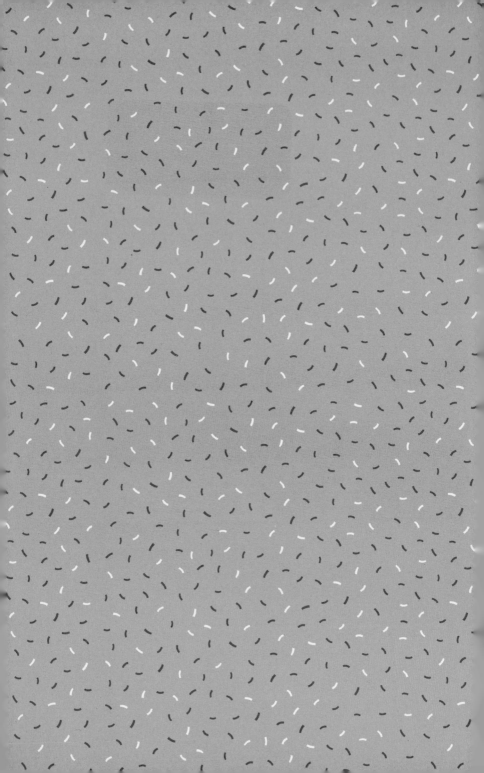

누구도 나를
화나게 하지
않았다

· 93, 115, 145, 151, 167쪽의 우화는 폴 렙스(Paul Reps)와 뇨겐 센자키(Ngoyen Sensak)의 『나를 찾아가는 101
가지 선 이야기Zen Flesh, Zen Bones』(Weatherhill, 1985)에서 발췌했다.

· 10장의 발췌는 《뉴욕타임스》에 실린 〈싸우자는 말이 아니야, 자기Those Aren't Fighting Words, Dear〉
(2009. 8. 2)의 내용이다.

· 225~228쪽과 229쪽의 발췌는 틱낫한(Thich Nhat Hanh)의 『화Anger』(Riverhead Books, 2001)의 내용이다.

This Korean edition was published by frombooks in 2022 by arrangement with Workman Publishing Company,
Inc., New York through KCC(Korea Copyright Center Inc.), Seoul.

이 책은 (주)한국저작권센터(KCC)를 통한 저작권자와의 독점계약으로 (주)프롬북스에서 출간되었습니다.
저작권법에 의해 한국 내에서 보호를 받는 저작물이므로 무단 전재와 복제를 금합니다.

분노, 짜증, 스트레스 다스리는 법

누구도 나를 화나게 하지 않았다

프롬북스
frombooks

오늘도 또 화를 내셨나요?

도시 변두리에 유명 쇼핑몰이 문을 열었다. 개점일에 맞추어 차를 몰고 갔다. 주차장이 이미 만석이다. 주차자리를 찾아 10여 분간 이리저리 운전하고 있는데 마침내 바로 앞에 주차된 차가 빠져나간다. 비상등을 켜고 앞차가 완전히 빠져나가기를 기다린다. 그런데 갑자기 반대쪽에서 지프 한 대가 튀어나오더니 얌체처럼 먼저 주차해버린다. 게다가 항의 표시로 경적을 울리자 지프 운전자가 차에서 내리면서 한번 쳐다보더니 가운뎃손가락을 올리고는(뻐큐!) 그냥 가버린다. 어떤가. 화가 나지 않는가?

이제 상황을 살짝 바꿔보자. 무례한 지프 운전자가 아니라 소 한 마리가 주차자리로 뛰어들더니 주저앉아버린다. 경적을 울려도 꼼짝하지 않고 고개를 들어 '음메~' 하고 울 뿐이다. 지금도 화가 나는가?

화에 중독되다

대부분의 사람들은 화를 내지 않는다면 지금보다 더 나은 삶을 살 수 있을 것이라고 생각한다. 그럼에도 오늘날 우리 사회에는 화내는 사람들이 더 늘어나고 있는 것처럼 보인다. 최근에는 그 파괴력이 새로운 단계로 들어섰다. 보복운전, 데이트 폭력, 격앙된 방송인, 물불 안 가리는 10대, 편 가르기를 비롯하여 화풀이를 위해 수천 명을 죽여도 상관없다는 슈퍼악당도 일상에서 쉽게 찾아볼 수 있다.

왜 화는 사라지지 않고 오히려 더 증가하고 있는 걸까?

첫째, 화는 인간의 자연스런 감정이다. 누구나 화를 낸다. 누군가 달라이 라마에게 물었다. "불교를 돈 때문에 이용하는 사람들을 보면 무슨 생각이 드나요?" 달라이 라마는 차분하게 이야기를 시작했지만 갈수록 안색이 붉으락푸르락해졌다. 그리고 결국 자신이 화가 났음을 인정했다.

화가 사라지지 않는 둘째 이유는 확실한 대안이 없기 때문이다. 이 책은 부처의 가르침에 기초하여 화를 다스리는 방안을 제시하지만 그렇다고 독자에게 특별히 종교적 믿음을 요구하지는 않는다. 심리치료도 아니다. 단지 게슈탈트 심리치료사인 프리츠 펄스가 말했듯이 '아는 것 자체가 치료'라는 점만 이해하면 된다.

우리는 원하는 것을 얻기 위한 수단으로 화를 사용한다. 대개는 여기에 대해 의문을 품지 않을 뿐만 아니라 화에 따르는 손실에 대해서도 깜깜하다. 그러나 실제 화 다스리기 워크숍에서 가르쳐보면, 일단 화내지 않고 문제를 해결할 수 있는 다른 방법을 알게 되면 화는 사라지기 시작한다.

화가 사라지지 않는 셋째 이유는 중독성 때문이다. 화가 나면 몸과 마음 모두 흥분상태가 된다. 아드레날린이 증가하고 그로 인해 혈압이 상승하는 등 육체적 반응이 동반한다. 화로 인한 흥분상태는 담배나 술처럼 중독된다. 모든 중독이 그렇듯이 화도 악영향을 남긴다. 심장마비, 뇌졸중과 같은 여러 가지 건강상 문제의 원인이 될 수 있다. "나는 화를 낼 때 진짜 내가 살아 있음을 느낀다"라고 말하는 사람을 만난 적이 있다. 이는 마치 "나는 담배를 피울 때 내가 건강하다고 느낀다"라고 말하는 것과 같다.

흡연이나 음주 같은 중독들은 끊기가 쉽지 않다. 그 이유 중 하나는 일단 중독행위를 멈추면 짧게는 몇 주에서 길게는 몇 년을 금단현상으로 괴로움을 겪기 때문이다. 회복 중인 알코올중독자는 종종 이렇게 말한다. "깨어 있는 한순간도 술 생각을 떨쳐버릴 수가 없어요."

그러나 다른 중독들과는 다르게 화내지 않기로 마음먹거나 화에 따른 행동들을 하지 않기로 결정하면 기분이 좋아진다. 그리고 그 차이를 경험하면 예전 습관으로 돌아가고 싶은 마음이 싹 사라진다.

화난다는 것과 화낸다는 것

사람들은 화내는 데에 나름의 합당한 이유가 있으며, 화 역시 인간에게 필요한 감정이라고 주장한다. 그렇다. 화가 난다는 것은 주변 사람들이나 환경과의 관계에서 무엇인가 잘못되었다는 것을 보여주는 징표다. 또한 화는 도덕적으로 잘못된 일을 보았을 때 우리를 행동하게 만든다. 누군가 아이를 학대하는 장면을 보면 의분義憤이라고 부를 수 있는 화가 치솟는다.

하지만 화가 성급한 행동으로 이어지면 상황을 더 악화시킬 수도 있다. 엄마가 아이를 반복해서 때리는 장면을 보면 화가 나서 물리적으로 엄마를 제압하고 싶어질 수 있다. 그러나 화난다고 곧바로 그런 식으로 대응하면 일시적으로는 학대를 멈출 수 있을지 몰라도 나중에 엄마가 아이를 계속해서 학대하는 또 다른 이유가 되기도 한다.

반면에, 차분하게 방법을 찾아보면 엄마와 아이 간의 긴장관계를 고조시키지 않고도 문제를 해결할 수 있다. 엄마의 학대 행위 자체를 불편하게 만들거나 또는 문제의 근원에 대해 엄마와 대화할 수 있다.

도덕적인 이유로 화를 내고 행동할 때는 상황을 올바로 바로 잡기 위해 어떤 선택을 해야 하는지 조심스럽게 생각해야 한다. 결과에 상관없이 행동하는 것은 선善을 추구하는 것이 아니라 단지 자신의 감정적 스트레스를 푸는 행위이다. 그리고 결과는 상황을 호전시키기보다 악화시킬 가능성이 높다. 무술뿐 아니라 많은 분야에서는 감정 때문에 성급히 행동하면 패배하기 쉽다고 가르친다.

많은 사람들이 화를 참기 힘들다고 말한다. 또한 화가 나는 것과 화를 내는 것 사이의 차이를 인식하지 못한다. 화가 날 때 이를 참거나 다른 선택을 할 수 없다고 믿는다. 이 책이 줄 수 있는 깨달음 중 하나는 화가 나는 것과 그 결과로 행동을 취하는 것 사이에 의식적으로 공간을 만들어낼 수 있다는 점이다.

이 책이 제시하는 방법을 잘 따른다면 자존감이 높아질 것이다. 더 이상 화를 주체하지 못해 흥분하는 것이 아니라 스스로 화를 통제할 수 있게 된다. "오늘 멋지군요", "잘 했어요"라는 소리를 들었을 때 느끼는 자존감과는 달리 다른 사람의 평가가 필요하지 않다.

나흘간의 가르침이 인생을 바꾸다

이런 생각들이 의심스러울지도 모른다. 어쩌면 그런 태도가 당연한 반응이다. 화내지 않고 살아갈 수 있다는 것은 왠지 어불성설 같다. 나 또한 1993년 애리조나 투손에서 달라이 라마의 가르침을 받을 때 똑같은 생각이었다.

거기서 화는 파괴적인 감정이며 화 없이도 살아갈 수 있다는 말을 처음 들었다. 당시 나는 공격적인 소송으로 악명을 떨치던 법률회사에서 변호사로 일하고 있었다. 그래서 화는 내 자아와 인격에 필요할 뿐만 아니라 심지어 필수적이고 유용하다고 생각해왔다. 나는 가르침을 받는 나흘 동안 여러 가지 이유로 맨 앞줄 중간에 앉게 되었다. 만약 수업을 빼먹거나 잠이 들면 스님이 바로 알아챌 수 있는 자리였다. 비록 스님이 실제로는 신경을 쓰지 않는다고 하더라도 나는 나에게 가장 좋은 자리를 예약해준 사람들의 기대를 저버리고 싶지 않았다.

가르침의 내용이 '화 없이 더 잘살 수 있다'라는 것이 분명해지자 점점 더 심기가 불편해졌다. 서로 물어뜯으려 덤비는 세상으로부터 나를 지켜내고 주변 사람들을 통제할 힘을 주는 것이 다름 아닌 화라고 믿고 있었기 때문이다. 별로 공감이 가지 않는 내용에 강제로 집중해야 하는 상황이었다. 혼자서 생각했다. '훌륭한 스님이지만 내가 화를 포기할 것이라 생각한다면 오산이야.' 나흘간의 세미나가 끝날 때까지 줄곧 같은 생각이었다.

세미나를 마치고 밤에 차를 몰고 집으로 돌아오고 있었다. 그때 누군가 앞에서 갑자기 끼어드는 바람에 급히 브레이크를 밟았다. 놀란 나는 경적을 울렸다. 상대 운전자는 고개를 돌리더니 내게 욕설을 내뱉었다. 차를 돌진해 그의 차를 박살내버리고 싶은 기분이 들었다. 최소한 욕설은 되돌려주고 싶었다. 그러나 자제했다. 나흘 동안 고통스럽게 가르침을 받지 않았던

가. 어쩌면 배운 대로 적용해보고 싶었는지도 모른다.

　화가 난 이유가 무엇인지 스스로에게 물어보았다. 나에 대해 전혀 모르는 사람이 나에게 예의 없는 행위를 했기 때문이라는 사실을 깨달았다. 또한 그의 모욕 자체는 아무런 해가 없다는 점도 알았다. 바로 나 자신이 그가 던진 모욕에 의미부여를 하고 있었던 것이다. 그 점을 깨닫자 스스로가 우스웠다. 그리고 폭발하는 것보다 웃는 것이 얼마나 기분이 더 나은지 느낄 수 있었다.

　달라이 라마의 가르침에 대해 처음으로 깨달은 순간이었다. 그리고 그때부터 의식적으로 그의 가르침을 실천하면서 화를 다스리는 법에 대해 공부했다. 그러자 자연스레 삶의 질이 올라갔다. 화내는 데 따르는 비용과 피해가 명확해졌다. 아내와의 아슬아슬했던 결혼생활도 좋은 방향으로 변화되기 시작했다. 변호사 일도 스트레스가 줄어들면서 놀랍게도 실적이 좋아졌다.

　화를 습관적으로 잘 내는 변호사였을 때에는 상대 변호사와 대화를 이렇게 시작하곤 했다. "도대체 당신 고객은 무슨 짓을 하는 겁니까?" 내 고객의 실수일 수도 있다는 점을 절대로 인정하지 않았다. 말할 필요도 없이 많은 사건들이 타협점을 찾지 못했다. 그러나 이제는 이런 식으로 대화를 시작한다. "내가 지금 내용을 정확하게 이해하고 있는지 모르겠는데 당신 고객의 입장을 설명해주실래요?" 또한 내 고객에게도 실수의 가능성이 있음을 인정하거나 정보를 제공한다. 그 결과 양쪽 모두 거짓은 줄어들고 사건은 원만하게 해결된다.

전에 없던, 아니 생각해보지도 않았던 행복감이 밀려왔다. 이런 내 경험을 다른 사람들과 공유하고 싶은 마음에 화 다스리기 워크숍을 개발해 달라이 라마의 가르침을 소개했다. 추가적으로 다른 분야에서도 도움이 될 만한 아이디어와 실습과정을 찾아 덧붙였다. 누군가 워크숍을 바탕으로 책을 써보라고 제안했을 때 더 많은 독자를 만날 수 있고 그래서 더 나은 세상을 만들 수도 있겠다는 생각이 들었다.

첫날부터 5마일을 달릴 필요는 없다

이 책을 쓰면서 나는 프레드 로의 『달리기의 선The Zen of Running』을 참고했다. 단순 명확한 내용 때문이다. 이 책은 기본 아이디어 두 가지를 제시한다. 달리고 싶다면 천천히 시작하고 즐길 수 있는 방법을 택하라. 첫날부터 5마일을 달릴 필요는 없다. 완주할 수 있을지는 모르지만 아마 달리기를 계속하는 데 도움이 되지는 않을 것이다. 의식적이든 무의식적이든 고통을 반복하고 싶지는 않기 때문이다. 또한, 쉽게 달릴 수 있는 최적의 장소와 시간을 찾아라. 즐길 수 없다면 계속해서 달리기가 힘들기 때문이다.

'화'라는 주제를 다루면서 이 원칙들을 지키려 했다. 과정별로 각 단계를 최대한 단순화했고, 과정마다 보람을 느끼고 긍정적 결과를 얻을 수 있게 구성했다. 이 책은 화를 불러일으키는 사소한 골칫거리를 관찰하는 것에서부터 시작해서 점점 중대한 문제를 다루고 있다. 첫날부터 5마일을 달릴 수는 없다.

이 책은 독자에게 삶의 모든 어려움을 들여다보라고 말하지 않는다. 심리분석을 하듯이 무의식의 심연을 열어볼 필요는 없다. 일상에서 사소한 일에도 왜 거슬려하는지 이해하고 화를 극복해가면서 더 큰 이슈에 집중할 수 있게 한다.

이 책은 독자에게 인생을 돌아볼 수 있도록 이끈다. 각자 삶에서 겪은 사건과 그 배후의 동기에 대해 생각해보게 한다. 정답은 없다. 과정을 진행하면서 스스로를 통찰하면 된다.

마지막으로 이 책은 화에 대한 일반적인 믿음에 의문을 제시한다. 원하는 바를 얻기 위한 수단으로 화를 사용하는 것이 적절한지 아닌지 질문을 던진다. 책을 읽다 보면 그런 믿음들에 균열이 생기고 근거를 잃으면서 관점이 바뀔 것이다. 그리고 마침내 예전 방식으로 화를 내거나 화를 생각할 수 없는 단계에 도달할 것이다. 화내지 않기로 마음을 먹는 순간, 더욱 즐거운 삶으로 나아갈 수 있다.

달라이 라마의 가르침을 받고 나서부터 내 인생은 바뀌었다. 모든 사람이 나처럼 인생을 바꿀 수 있다. 이 책을 통해 화가 사라지면서 느껴지는 삶의 만족감을 독자 여러분도 발견하기를 바란다. 화와 비슷한 감정, 즉 질투와 억울함, 불안도 줄어든다. 여기 제시된 개념들이 편하게 느껴지고 사용에 익숙해지면 삶이 근본적으로 변할 것이다. 그리고 그 변화는 인간관계의 변화로 이어질 것이다.

레너드 셰프

문제를 해결한답시고 화를 내는 것은 상대방에게

던지기 위해 빨갛게 달궈진 석탄을 움켜쥐는 것이다.

- 티베트 속담

1장

화,
이런 거였어?

여기까지 생각을 해보면 화를 화로 대응하는 것은

상대방뿐만 아니라 이후 상대방과 관계되는 사람들에게까지

영향을 미친다는 사실이 명확해진다.

그러니 화를 냄으로써 누군가를 강제로 바로잡으려

하기 전에 다음에 벌어질 상대방의 행동들까지

책임질 수 있는지를 스스로에게 물어봐야 한다.

어느 도시의 외곽에 쇼핑몰이 새롭게 문을 열었다. 개점하는 날, 할인 이벤트도 하고 사은품도 나눠주는지라 인파로 북적인다. 지금 10여 분 이상 주차할 자리를 찾아 빙빙 돌고 있다. 마침내 바로 앞에서 차 한 대가 나가려고 한다. 드디어 자리가 났다! 비상등을 켜고 앞자리의 차가 완전히 빠져나오기를 기다린다. 그런데 반대쪽에서 지프가 달려와 먼저 주차를 해버린다. 닭 좇던 개 지붕 쳐다보는 격이다. 경적을 울리자 차 밖으로 나온 지프 운전자가 '퍽큐'와 함께 비웃음을 날리며 그냥 가버린다. 화가 나는가? 당연히 화가 부글부글 솟구칠 것이다. 이 순간에 어떻게 할 것인가?

- 내 차로 그의 차를 박는다.
- 지프 타이어의 바람을 빼버린다.
- 차 열쇠로 그의 차를 긁는다.
- 립스틱을 꺼내 그의 차 앞유리에 '개XX'라고 적는다.

이 같은 상황이 영화나 소설 속 한 장면이라면 대부분의 사람들은 분명 주인공이 위의 선택사항 모두 아니면 적어도 하나쯤은 하기를 바랄 것이다. 실제로 많은 영화가 이런 사소한 복수에 예상치 못한 결과(살인 같은)가 이어지는 식으로 구성된다. 사람들은 (지프를 박아버리는 것과 같이) 화를 표출하면 화가 사라진다고 생각한다. 그렇다면 이제 위 선택사항을 현실에서 행동으로 옮겼을 때 어떤 대가가 따르는지 따져보자.

- 상대방 차를 박으면 내 차도 피해를 입을 수밖에 없다. 만약 경비가 사건현장을 목격하면 나는 범죄혐의를 받는다. 최소한 경비가 신원을 파악해 상대 차주에게 알릴 것이다. 경비는 나에게 화낼 만한 이유가 있는지 따위는 조금도 신경 쓰지 않는다.

- 상대방 차 타이어의 바람을 빼는 일에는 상당한 배짱이 필요하다. 공기가 서서히 빠져나오는데 갑자기 차 주인이 돌아오면 어쩌나 하고 주변을 둘러보면서 느낄 긴장감이 상상이 되는가? 지나가는 경비가 이 장면을 본다면 그저 장난으로 여기지는 않을 것이다.

• 립스틱은 그나마 작은 복수지만 빠르게 휘갈긴다 해도 시간이 걸린다. 립스틱 또한 못쓰게 될 것이다. 경비가 이 장면을 본다면 분명 차량을 훼손하는 행위로 여길 것이다. 말하자면 나는 '쓸데없는 짓'을 한 것이다.

가장 큰 대가는 며칠 동안, 어쩌면 그 이상으로 내 마음속에서 화가 사라지지 않을 것이고, 주차할 자리를 찾을 때마다 이 사건이 계속 떠오를지 모른다는 것이다.

누구도 나를 화나게 하지 않았다

잠깐 눈을 감고 위의 주차장 사건이 내게 벌어졌다고 상상해보자. 화가 치솟는 걸 느껴보라. 그리고 위에 나오는 방법이든 아니면 나만의 다른 방법이든 복수하는 모습을 떠올려보라.

이제 화가 좀 줄어들었는가? 만약 화가 사라졌다면 이 소동 때문에 범죄자로 몰릴 수도 있다는 사실을 상상 속의 장면에 추가해라.

화가 정말 사라졌는가? 이제는 지프 운전자와 마주치거나 경찰에게서 연락이 올까봐 불안한 시간을 보내야 한다.

내가 주차장 사건의 당사자라고 생각해보자. 범죄를 저지르지 않는 선에서 지프 운전자에게 해줄 말을 적어보라. 보복당할 일이 없다면 어떤 말을 해주고 싶은지 써보라.

~~~~~~

~~~~~~

~~~~~~

이제 다른 시나리오를 상상해보자. 장면은 같다. 앞차가 빠져나온다. 그런데 비열하게 웃고 가버린 젊은 남자의 지프가 아니라 소 한 마리가 어슬렁거리며 걸어 들어오더니 빈자리 한가운데에 자리를 잡고 앉는다. 여기가 도시 외곽이라는 사실을 기억하라. 그 소는 몇 년간 매일 오후에 그 자리에 앉아 시간을 보내왔다. 경적을 울리자 소가 고개를 들더니 '음메~' 하고는 꿈쩍도 하지 않는다. 이래도 화가 나는가?

대부분은 "화가 나기는, 재밌는걸" 하고 대답할 것이다. 여기서 질문, "무슨 차이가 있는가?" 나는 여기에 아무런 차이가 없다는 점을 보여주려고 한다. 젊은 남자가 모는 지프든 소 한 마리든 결과는 똑같다. 새로운 주차자리를 찾아야 한다. 똑같은 결과에 대해 나의 반응만 바뀌었다. 달리 말하면, 누구도 나를 화나게 할 수 없다. 화는 피할 수 있다. 화는 나 자신에게서 시작하고 끝난다.

이렇게 주장할 수도 있겠다. 지프 운전자는 의도적으로 행동했지만 소는 그렇지 않았다고. 나중에 좀 더 살펴보겠지만 여기서는 일단 그렇다고 해두자. 그렇다면 화를 내고 이를 표현하는 것이 타당한가?

그래서 화를 낸다고?

많은 사람들이 화를 냄으로써 얻는 이득이 있다고 믿는다. 그 이득 가운데 하나는 화를 참는 것보다는 표현하는 것이 정신건강에 좋다는 것이다. 다시 말해, 화를 표현하지 않으면 병으로 이어질 수도 있다고 말한다. 그러나 위의 주차장 사건에서 봤듯이 화에서 시작된 행동들은 오히려 부정적인 감정을 증가시킬 뿐이다. 복수를 하면 화가 줄어들기보다는 더 커지는 경향이 있다.

또 어떤 사람들은 화를 '옳지 못한 행위를 하는 사람을 교화시키는 도덕적 의무'라거나 적어도 행위자에게 자신의 생각을 전달하는 수단이라고 말한다. 지프 앞유리에 '개XX'라고 썼다고 치자. 쇼핑을 마치고 돌아온 운전자는 이 글을 보고 어떤 반응을 보일까? 두 가지 가능성이 있다.

그는 앞유리를 보너니 이렇게 밀한다.

- "이런! 내가 잘못했군. 다른 사람에게 불편한 행동을 한 거야. 내게 잘못된 행동을 다시 생각해볼 기회를 줘서 고마운걸. 이제 다시는 다른 사람의 주차자리를 빼앗지 말아야지."

- "아니 뭐 이런 개XX가 다 있어! 내 차에 무슨 &%#%&짓을 한 거야! 나한테 왜 그러는 거야? 누가 썼는지 잡히기만 해봐라."

이론적으로는 두 가지 가능성이 있지만 우리 모두는 결과가 어떨지 잘 안다. 경적소리에 '퍽큐'를 날린 지프 운전자의 모습에서 우리는 이미 그의 성격을 파악했다. 분명 그는 자신의 행동을 합리화할 것이다. '이 양반아, 내가 먼저 자리를 봤잖아', '바빠 죽겠는데 먼저 대는 사람이 임자 아냐?' 등등. 그가 화내는 데에는 낮은 자존감이나 애정결핍이 원인일 수 있다. 이번 주차장 사건 역시 그에게는 또다시 세상이 자기를 불친절하게 대하는 하나의 예일 뿐이다. 그는 예의가 필요한 사회적 관계는 따로 있다고 믿는다. 지프 운전자뿐만 아니라 불행히도 많은 사람들이 자신의 이익에 부합할 경우에만 예의를 갖춘다. 이런 이해관계 속에서 행동기준은 '세상은 험한 곳이니 살아남으려면 재빨리 변해야 돼'이다.

그렇게 지프 운전자는 차창 너머로 세상의 얼간이들을 비웃고는 주차장을 나설 것이다. 그러나 내면의 부글거리는 독배에 수치심 한 덩이를 더하면서 화는 갈수록 커져간다. 주차장에서 비롯된 화는 마음속에서 화학작용을 일으켜 집에 도착할 때쯤에는 머릿속이 들끓는 지경이 된다. 진정이 될까? 물론 그럴 리없다. 화는 다른 만만한 희생자에게 쏟아진다.

앞서 열거한 대응들은 지프 운전자의 행동을 교정하기보다이미 통제가 안 되고 있는 그의 화를 자극할 뿐이다. 그로 인해이후에 누군가가 또 고통을 겪는다. 그의 아내나 아이들이 될수도 있고 우연히 마주친 낯선 이가 될 수도 있다. 여기까지 생각을 해보면 화를 화로 대응하는 것은 상대방뿐만 아니라 이후 상대방과 관계되는 사람들에게까지 영향을 미친다는 사실이 명확해진다. 그러니 화를 냄으로써 누군가를 강제로 바로잡으려 하기 전에 다음에 벌어질 상대방의 행동들까지 책임질 수있는지를 스스로에게 물어봐야 한다.

화를 합리화하는 또 다른 이유가 있다. 만약 화를 참으면 자신이 쉬운 상대로 보이지 않을까 하는 걱정이다. 말하자면, 내가희생자가 되면 어쩌나 하는 우려다. 그러나 진정한 힘은 화에휘둘릴 때보다는 화를 잘 갈무리할 때 생긴다.

내면의 드라마

이제 소가 아니라 지프 운전자가 의도를 가지고 행동했다는관점에 대해서 살펴보자. 사실 그는 주변 사람의 감정 따위는 의식하지 않을 가능성이 높다. 당신도 누군가에게 화를 낸 뒤 상대방의 반응에 깜짝 놀란 적이 있을 것이다. 대개 사람이 공격적으로 행동하는 이유는 상대방을 겨냥해서가 아니다. 상대방에게 말을 하거나 상호작용을 하고 있는 것이 아니다. 상대방이 누군지, 그가 무슨 행동을 했는지와 상관이 없다. 그냥 본인의 문제다. 상대방은 본인의 내면에서 벌어지고 있는 드라마의 한 무대에 우연히 올라왔을 뿐이다.

내면에서 벌어지는 드라마는 지금 현실 속에서 벌어지는 일의 본질과는 아무런 상관이 없는 경우가 많다. 그저 세상을 어떻게 바라보는지, 자신을 어떻게 평가하는지, 성장과정에서 어떤 경험을 했고 또 외부자극에 어떻게 습관적으로 반응해왔는지가 복합적으로 작용해 만들어진다. 이렇게 형성된 내면의 목소리가 어떤 공격적인 자극에 분노로 응수하라고 속삭이면 그렇게 행동한다. 그 대응이 아무런 의미가 없더라도 말이다. 그저 자신만의 대본에 따라 행동한다. 기대하는 효과는커녕, 심지어 상황을 더 비참하게 만들더라도 무작정 대본에 따르고 나면 가슴속에는 분노와 고통만 더 늘어난다.

이제 지프 운전자의 행동을 생각해보자. 그가 의도적으로 행동했는지 아닌지 명확히 구분하기는 어렵다. 우리 대부분은 다른 사람이 무슨 생각을 하는지 알 수 있다고 여기지만 대개 각자 주관적으로 판단한 예상일 뿐이다.

내 생각이 바로 나

화에 대한 일반적인 접근방식을 보여주기 위해 주차장 사건을 예로 들었다. 대부분의 사람들은 화란 이미 머릿속에 있기 때문에 즉각적이고 비이성적으로 반응한다고 생각한다. 그러나 생각에 따라 감정도 달라진다. 지프 운전자의 의도를 멋대로 생각하면 사실과 거리가 멀어지고 따라서 반응도 달라진다. 우리는 소는 본능에 따라 행동할 뿐 아무 원한을 품고 있지 않지만 지프 운전자는 공격의사가 있다고 생각한다. 우리가 머릿속에서 어떻게 자기만의 현실을 만드는지, 그래서 화를 내는지를 보여주는 사례다. 부처는 이렇게 말했다.

생각이 사람이다.
사람의 모든 것은 생각에서 나온다.
생각으로 세상을 만든다.

우리 머릿속의 많은 부분은 이전에 형성된 자아의 결과다. 심리학에서는 이를 '앙금Baggage'이라고 부른다. 예를 들면, 행복하기 위해서는 어떤 특정한 것이 필요하고 이를 얻지 못하면 화가 난다고 머릿속에 형성되어 있다. 누군가 우리를 시쳇말로 '디스'하면 명예가 훼손된다는 생각, 미래에 어떤 목표를 달성해야 행복해질 거라는 생각이 이미 형성되어 있다. 마찬가지로 원하는 것을 얻는 수단 중 하나가 화내는 것이라고 굳게 믿고 있다.

불교는 신을 숭배하라거나 특정 믿음을 무조건 받아들이라고 말하지 않는다. 이런 관점에서 보면 불교는 종교가 아니다. 그러나 불교의 수련법을 통해 내면에 형성된 '이전의 자아'를 극복할 수 있다. 기본적으로 세상사를 있는 그대로 인식하려는 연습이 필요하다. '붓다'는 '깨어 있다' 또는 '인식하다'라는 의미의 산스크리트어이다. 불교의 가르침은 '부처님에게 귀의한다'가 핵심이다. 이는 신God이나 어떤 상징적 존재를 의미하지 않는다. 세상에 존재하는 모든 생명체가 가진 인식 능력을 말한다.

간단해 보이며, 어떤 의미에서는 실제로 그렇다. 그러나 마음이나 지성, 생각의 본질을 근본적으로 다르게 바라봐야 한다. 불교에서 깨어 있고 인식하라는 의미는 삶의 매 순간을 느끼고 집중하라는 것이다. 그러기 위해서는 모든 믿음, 개념, 가정 들에 속지 말고 현재를 직접 체험해야 한다. 대개 우리는 이런 믿음, 개념, 가정 들을 지식과 혼동한다. 부처는 간단한 예로 이를 설명한다.

"한 남자가 독사를 밟고 공포에 떨고 있다. 하지만 내려다보고는 그 냥 밧줄인 것을 알고 웃는다."

뱀이나 독사라는 개념은 마음이 만들어낸 형상으로 정글이나 숲속을 헤매는 사람에게는 쓸모가 있다. 그러나 깨어 있고 인식하는 사람에게는 그저 땅 위에 놓여 있는 녹색의 구불구불한 물체일 뿐이다. 눈앞의 것을 알아보고 인식하기 위해서는 특별한 주의력이 필요하다. 이를 불교에서는 '마음챙김mindfulness'이라고 부른다.

지금 이 순간에 온전히 집중한다. 이전에 형성된 믿음이나 해석에 방해받지 않고, 경험하고 있는 것을 직접적으로 관찰한다. 이 상태가 인식이다. 세상을 이런 방법으로 바라보면 삶이 더욱 직접적이고 생생해진다. 매 순간 유연하게 반응할 수 있다. 그리고 변할 수 있다.

순수한 집중Bare Attention을 위한 구체적인 훈련법이 있다. '뱀'이라 말하지 않고 '녹색의 구불구불한 것'이라고 표현하는 식이다. 판단이나 해석 없이 관찰한다. 물론 그 물건이 꿈틀거리고 쉭쉭 소리를 내면 '뱀'이라 말하고 그에 맞게 행동한다. 우리가 개념적인 사고가 떠오르기 전에 순수한 집중으로, 곧 열린 마음으로 관찰할 수 있다면 습관적인 반응에서 벗어날 수 있다. 자신의 기분, 선입견, 습관뿐만 아니라 자기 자신까지 이 방법을 통해 관찰할 수 있다. 싸우고 발버둥 치거나 스스로를 억제해야 변하는 것이 아니라 자신이 무엇을 느끼고 어떻게 습관적으로 행동하는지를 인식하면 바뀐다.

화란 무엇인가?

화는 다음의 5가지 가정을 바탕으로 한다.

- 화는 파괴적인 감정이다.
- 화의 첫 피해자는 다름 아닌 자신이다.
- 화에 따른 행동은 비합리적이다.
- 감정은 선택할 수 있고, 삶 속에서 화의 총량을 줄일 수 있다.
- 삶 속에서 화를 줄이면 더 행복하고 효과적으로 살 수 있다.

위 가정들이 사실이라고 억지로 믿을 필요는 없다. 단지 하나하나 실험해보자는 열린 마음과 적극적인 자세만 있으면 된다. 위 가정들 중 하나라도 인정하고 일상에서 이를 바탕으로 행동한다면 이 책은 목적을 달성한 셈이다. 이제 이 가정들을 하나하나 살펴보자.

첫째, 현실에서 화가 파괴적인 감정이라는 점은 별도의 논의가 필요 없을 정도로 명확하다. 복수함으로써 화를 풀 수 있다는 생각은 세대를 불문하고 파괴의 연료로 작용했다. 미국의 핫필드 가문과 맥코이 가문 사이의 싸움(미국 역사상 가장 유명한 가문 다툼. 서부시대 빅샌디 강의 지류를 사이에 두고 벌어진 다툼은 결국 24명 이상이 사망하는 비극을 낳았다—옮긴이)은 장소를 가리지 않고 매일 계속됐다. 아일랜드의 종교분쟁, 중동의 이스라엘과 팔레스타인,

인도의 힌두교와 회교도 간의 분쟁도 있다.

일상에서도 개인과 개인 사이에 화가 분출되는 현장을 끊임없이 목격할 수 있다. 많은 경우에 어리석다 못해 치명적인 결과를 야기한다. 주차자리 문제로 다투다 살해되기도 한다. 순간적인 분노를 절제하지 못해 돌이킬 수 없는 결과를 낳게 되는 것이다.

둘째, 화는 몸과 정신의 건강을 해친다. 최근의 수많은 연구결과가 이를 증명한다. 화가 강한 적개심으로 이어지면 심장 관상동맥 질환을 가져올 수 있고 이미 질환을 앓고 있는 환자들의 예후도 나빠진다. 고혈압 같은 심장병 위험요인을 가진 사람이 의사에게 가면 약을 처방해준다. 약은 화가 지닌 문제를 덮어버리는 효과가 있어서 근본적인 대처를 어렵게 한다. 약을 처방받더라도 화가 건강에 미치는 악영향을 가볍게 여기면 안된다.

마지막으로, '화를 분출하게 되면 비이성적이고 이익에 반하는 행동을 하기 쉽다.' 이렇게 얘기하는 것은 사실 그 악영향을 축소하는 절제된 표현이라고 해도 과언이 아니다.

지인 중에 친구로 지내던 변호사와 결혼한 여자가 있었다. 그러나 변호사 친구는 좋은 남편이 되지 못했다. 실제로는 정말 비열한 사람이어서 오래지 않아 그녀는 이혼을 결심했다. 남편이 집에 없는 틈을 타 그의 벤츠를 차고에서 꺼내 자기 차로 앞뒤좌우 모든 방향에서 박아버렸다. 결과적으로 두 차 모두 박살났다. 이후 재산 분할을 하면서 그녀는 벤츠에 대한 손해배상청구를 받았다. 여기서 가장 큰 아이러니는 그녀는 어마어마한 분노를 표출한 이후에 오히려 그전보다 화가 더 커졌다는 점이다.

화에 대한 기존의 접근법

일반적으로 화를 다루는 세 가지 방식이 있다.

- 억누른다. 아니면, 시쳇말로 "뭐래~" 하며 무시한다. 배우자나 직장상사가 화나게 하면 쓴웃음으로 참아야 된다고 배웠다. 철저히 내면화가 이루어져 심지어 화가 나는지조차 모를 수 있다.
- 화를 엉뚱한 곳에 푼다. 직장상사가 화나게 하면 이를 배우자나 아이들, 애완동물에게 분출하는 식이다.
- 이른바 '화 관리법'이다. 각각의 상황에 맞춘 테크닉이다. 여기에는 때로 심리요법도 포함된다.

첫 번째 선택은 말 그대로 참는 것이다. 주로 상대방이 중요한 관계의 사람일 경우 적용된다. 직장상사나 배우자 또는 자신이 이익을 위해 사이좋게 지낼 필요가 있는 누군가를 말한다. 그런데 문제는 화를 내면에 억누르다 보면 몸과 마음을 상하게 할 수 있다는 점이다. 뇌경색이나 심장마비 같은 생리적 영향을 주는데, 화도 심리적 에너지가 있어야 참아낼 수 있다. 화를 내부에 안고 돌아다니면(마치 묶여 있는 화난 맹수처럼), 일에 집중할 수 있는 창조력은 사라지고 피곤해진다.

두 번째 선택에서 종로에서 뺨 맞고 한강에서 화풀이를 하면 엉뚱한 피해자가 발생한다. 그리고 뚜렷한 이유도 없이 공격을 받았다고 생각해 화를 내며 반격하기 마련이다. 관계는 악화되고 새로운 화의 원천이 된다.

한때 아무도 들을 수 없는 곳에서 소리를 지르거나 베개를 두드려 패는 것과 같은 방식으로 화를 푸는 심리요법이 유행했다. 여러 사람이 모여 "야, 김 아무개, 난 네가 싫어!", "야, 김 아무개, 이 개XX야!"라고 소리를 지르며 베개에 주먹질을 한다. 또 스펀지 방망이로 서로 난타전을 벌인다. 지칠 때까지 계속한다. 순간적으로 만족감을 얻지만 이는 격렬한 운동을 마친 후 느끼는 만족감과 다를 게 없다. 잠시 기분이 좋아지지만 30분이 지나면 다시 예전의 화난 상태로 돌아간다고 심리요법 참가자들은 말한다. 이런 방법은 화를 다루는 방법을 본질적으로 바꾸지 못한다. 일시적인 기분전환 효과만 얻을 수 있다. 틱낫한은 『화Anger』에서 더욱 예리한 비판을 가한다. "일시적 분풀이는 화를 줄이지도 못할뿐더러 나중에 화를 더 폭력적으로 쏟아내게 만드는 리허설 역할을 한다."

세 번째 방법(심리요법)의 문제는 무엇보다 자신에게 결점이 있다고 여겨야 한다는 점이다. 스스로를 '나쁜'이나 '상처받은'과 같은 수식어로 꾸미게 한다. 자아 성찰은 값진 경험이어야 하는데 이 방법은 오히려 자책하게 한다. 스스로 괜찮지 않다고 말해야 한다. 게다가 치료를 위해 많은 비용과 세월이 걸린다.

한편 페마 초드론(티베트불교 최초로 금강승 수행을 마친 미국인-옮긴이)은 다음과 같이 말했다. "나는 문제가 있어요. 당신도 문제가 있어요. 그래서 모두 괜찮아요." 우리 모두 결점이 있는 존재들이다. 문제와 어려움에 시달린다. 인간이라는 존재의 근원적 문제를 치료할 수는 없지만 '인식'으로 고통을 줄일 수 있다.

'화를 느끼지 않고, 그리고 화내지 않고 살아갈 수 있는가?'라는 질문으로 돌아가 보자. 이 책을 통해 화나는 경우를 줄이고 화를 연민으로 바꿀 수 있기를 바란다. 어려운 목표지만 이룰 수 있다. 각 장을 넘기면서 화가 끼치는 해와 화의 근원적 원인, 화에 대한 잘못된 믿음과 미신에 대해 잘 인식하기를 바란다.

2장

일단
화를 느껴봐

무엇을 느끼는지는 대체로

무엇을 생각하는지에 달려 있다.

내면에 형성되어 있는 가정과 믿음들이

진실에 대한 생각을 왜곡하고 행동으로까지 이어진다.

그러나 내면의 가정과 믿음들은 근거가 얄팍하다.

화에 대해 배우는 첫 단계로 실제 화의 느낌을 살펴보자. 지난 몇 주간에 화가 났던 일이 무엇인지 잠시 생각해보라. 사소한 일, 감정의 강도가 그리 세지 않았던 일이어야 한다. 흔한 예로 배우자가 치약뚜껑을 닫지 않거나 아이가 젖은 수건을 거실 바닥에 마구 던져놓는 경우를 들 수 있다.

하나의 독립된 사건일 수도 있고 반복해서 화가 나는 일일 수도 있다. 택시를 새치기당해 화가 났거나 출근길에 앞으로 끼어드는 다른 운전자들 때문에 화가 났든가 하는 일들이다. 화가 나는 순간을 적어보자. 반복되는 경우와 독립적인 경우를 모두 적는다.

• 화가 났던 독립적인 일

~~~~~~

~~~~~~

~~~~~~

~~~~~~

• 항상 화가 나는 일

~~~~~~

~~~~~~

~~~~~~

~~~~~~

심각한 문제를 고르지 않아야 한다. 본인이나 사랑하는 사람에게 신체적 상해를 입힌 사건이나 배우자의 현재진행형인 불륜, 사기당한 일과 같은 화를 불러온 큰 사건들은 적지 않는다. 그런 사건들은 감정에 깊은 상흔을 남기고 또 화가 나는 것이 충분히 수긍된다. 현재 단계에서 그런 사건들을 꺼내는 것은 이제 막 수영을 배운 사람이 급류를 거슬러 헤엄을 치려는 것과 같다. 이 책의 내용이 삶의 일부분으로 녹아들어갔을 때 결국 그런 종류의 화 역시 극복할 수 있다.

작은 화부터 다스려라

오클라호마 폭탄테러(1995년 4월 19일 티모시 맥베이 등 두 명이 오클라
호마 시 연방청사에서 차량에 가득 실은 폭탄을 터뜨려 168명의 사망자와 500여
명의 부상자를 낸 테러-옮긴이)와 9·11 비극의 희생자 가족들 중 일부
는 우리에게 교훈을 준다. 그들은 말로 표현하기 힘든 나쁜 행
위를 용서했다. 그러나 당장은 간단한 첫걸음부터 시작하자.

사소한 일로부터 생겨나는 화를 다스리는 데 성공하면 힘이
생기고 동기부여가 된다. 화가 필요하지 않다는 사실을 깨달
을 때, 화내지 않은 결과 기분이 더 좋아지는 것을 알게 됐을
때, 이를 좀 더 심각한 화에도 적용할 수 있다. 열혈 러너이기도
한 티베트불교의 영적 지도자 사콩 미팜은 이렇게 말했다. "앞
으로 확실히 나아갈 수 있는 가장 현실적인 방법은 …… 날마다
짧은 시간을 들여 자세를 10퍼센트씩 바꾸는 훈련을 하는 것이
다. 훈련이 지나치면 전체 과정을 망친다. 너무 멀리, 지나치게
빠르게 뛰거나 감내할 수 있는 정도를 넘어 살을 빼려 하면 오
히려 목표는 더 달성하기 어려워진다."

잠시 눈을 감고 앞서 적은 화가 났던 사건을 떠올려보자. 사건
이 일어났을 때가 아니라 '지금' 어떤 느낌인지가 중요하다. 느
낌에만 집중하고 상대방의 행위나 자신의 행동이 정당한지 여
부는 잊어라. 맥박이 빨라지고, 혈압이 올라가고, 관자놀이가
욱신거리는가? 입꼬리가 굳어지고, 이마에 주름이 잡히고, 근

육이 긴장되는가? 당시에 정확히 어떤 느낌이었는지는 아마 기억이 안 날 것이다. 핵심은 그 사건이 하루, 일주일, 1년 뒤에도 여전히 감정을 바꾸는 위력이 있다는 점이다.

🔘 Exercise 2-2

화가 났던 사건을 떠올리면서 '지금' 어떤 느낌인지 적어보자.

~~~~~~

~~~~~~

~~~~~~

이제 잠시 행복했던 사건이나 경험을 떠올려보자. 생일파티나 나를 도와주는 사람들, 칭찬하는 말, 선물 등을 생각해보자. 입가에 미소가 떠오르는가? 호의와 따뜻함이 온몸을 감싸오는가? 감정 속에 빠져들어 그 느낌이 어떤지 생각해보자.

🔘 Exercise 2-3

행복했던 사건이나 경험을 떠올리며 그 느낌을 적어보자.

~~~~~~

~~~~~~

~~~~~~

다음 단계로 화를 다시 떠올리며 느꼈던 감정과 비교해보자. 이 연습을 통해 얻을 수 있는 교훈은 분명하다. 화가 주는 느낌보다는 행복이 주는 느낌이 훨씬 좋다는 것이다. 화는 괴롭다. 당연하다고 생각할 수도 있지만, 지금 생생하게 다시 느끼는 것이 중요하다. 시간을 내어 이를 다시 느껴보면 일상생활에서 만나는 화를 그 순간에 관찰할 수 있게 도와준다. 그럼으로써 불필요하게 화에 따른 행동을 하지 않게 된다.

마지막으로 어떤 과정으로 화가 생겨나는지, 왜 화가 나는지에 대해 '인식'해보자. 앞서 언급했듯이, 무엇을 느끼는지는 대체로 무엇을 생각하는지에 달려 있다. 내면에 형성되어 있는 가정과 믿음들이 진실에 대한 생각을 왜곡하고 행동으로까지 이어진다. 그러나 내면의 가정과 믿음들은 근거가 얄팍하다. 다음의 '서성거리기 연습'은 이를 잘 보여준다. 원래 워크숍에서는 넓은 공간에서 리더 한 사람과 최소 여덟 명 이상이 함께 연습했지만, 지금은 상상 속에서 연습을 해보고 나중에 친구들이나 가족들과 실제 연습을 해보자.

서성거리기 연습

사람들이 몰려 있는 곳에 서 있다고 상상해보자. 눈을 감고 팔을 옆구리에 붙인다. 천천히 서성거리기 시작해 다른 사람과 몸이 부딪힐 때마다 방향을 바꾸어 다시 걷는다. 몇 분간 계속한 뒤 경험한 것과 느낀 바를 적어보자.

이제 규칙을 바꾸자. 앞서와 똑같이 사람들이 밀집된 곳에 서 있는 자신을 상상하자. 다시 눈을 감는다. 다른 사람들과 몸이 닿거나 부딪히는 것을 피할 수 없다. 그런데 이번에는 모든 사람이 오염물질에 중독되어 있다. 누군가와 몸이 닿으면 상처를 받거나 병에 걸린다.

그래도 눈을 감은 채 계속 움직여야 한다. 누군가와 몸이 스치거나 부딪히면 얼른 몸을 떼라. 다른 사람과 더 많이 부딪힐수록 더 많은 고통을 겪는다. 이런 중독된 군중 속을 서성거리는 느낌이 어떤지 생각하고 이를 적어라.

이제 다시 규칙을 바꾸자. 이번에는 중독된 군중 대신에 모든 사람이 건강하고 따스함을 전해준다. 접촉은 좋다! 육체적으로 가까울수록 더 건강하고 행복하다.

눈을 감은 채 계속 움직여라. 여기서 누군가의 가슴을, 저기서 다른 누군가의 강한 어깨를, 부드럽거나 주름진 피부의 촉감을 느낄 때의 기분을 생각해보자. 가까이 다가가려 열심인가? 주변의 은혜로운 존재들에게 공감하는가? 실제 워크숍에서는 참가자들이 때때로 서로 껴안고 커다란 한 덩어리로 뭉치는 것을 볼 수 있다.

눈을 감고 서성거리면서 다른 사람과 부딪힐 때마다 방향을 바꾼다. 몇 분 뒤에 경험한 것과 느낀 바를 적는다.

~~~~~~

~~~~~~

~~~~~~

~~~~~~

눈을 감고 서성거리면서 오염물질에 중독된 다른 사람과 부딪힐 때마다 몸을 뗀다. 몇 분 뒤, 어떤 느낌이 들었는지 적는다.

~~~~~~

~~~~~~

~~~~~~

~~~~~~

눈을 감고 서성거리면서 다른 사람과 부딪힐 때마다 건강하고 행복해짐을 느껴보자. 몇 분 뒤, 어떤 느낌이 들었는지 적는다.

~~~~~~

~~~~~~

~~~~~~

~~~~~~

세 가지 서성거리기 연습에서 각각 느꼈던 감정을 서로 비교해보자. 첫 번째 연습에서 경계심과 호기심 중 어떤 느낌이었나? 아니면 모두를 느꼈는가?

두 번째 연습에서 모두가 중독된 사람이라고 상상했을 때 몸에서 어떤 다른 변화가 느껴졌는가? 걱정이 들어 근육은 긴장되고 뒤로 물러서 도망칠 준비를 했는가?

세 번째 연습에서 긴장은 사라지고 편안한 마음으로 다른 사람과 만나기를 원했는가? 몸이 부딪히는 것을 좋아했는가?

워크숍에서 이 연습들에 대해 서로 이야기해보면 대부분 첫 단계는 어색하고, 두 번째는 불편하고 긴장되며, 세 번째는 편안하고 안도감을 느꼈다고 말한다. 연습은 그저 게임일 뿐 각 연습의 규칙에 아무런 영향을 받지 않았다고 말하는 사람도 간혹 있다. 그러나 토론이 좀 더 진행되면 그 사람들도 규칙에 따라 각각 다른 영향을 받은 것을 알 수 있다.

첫 번째 서성거리기 연습은 일상적이고 친밀한 환경 밖으로 나설 때의 느낌이다. 우리는 사회생활을 하면서 날마다 애매한 감정을 경험한다. 당신이 파티에 참석해 낯선 사람들 속에 섞여 있다면 몹시 어색한 기분이 들 것이다. 그래서 술을 찾아 한 잔 따른다. 마침 그때 누군가가 옆으로 다가와 잔을 집어 든다. 당신이 그 사람의 잔에 술을 따라주려 하니 그가 잔을 들어 호응한다. 머릿속에서 수다스런 생각이 떠오른다. '재밌는 사람 같은데, 이야기를 걸어볼까? 그런데 별로 나랑 얘기하고 싶지 않을 수도 있어. 지난번에도 낯선 사람에게 말을 걸었다가 바로 외면당했잖아. 자연스럽게 대화를 시작할 수 있는 말은 뭐가 있을까?'

술맛이 괜찮다고 말을 꺼내기로 결심했을 때쯤엔 이미 그 사람은 다른 사람과 대화를 시작한 뒤일 때가 많다. 아마 만화 〈피너츠〉의 주인공 라이너스가 된 기분일 것이다. 담요소년 라이너스는 작고 예쁜 소녀와 마주치자 어찌할 바를 모른다. "무슨 말을 해야 할지 모르겠어, 그래서 그냥 한 대 쥐어박았어."

두 번째 서성거리기 연습은 생각하기에 따라 얼마나 빠르게 그리고 얼마나 사소한 이유로 몸이 달리 반응하는지를 보여준다. 조심스럽게 긴가민가하다가 단순한 몇 마디 말에 급변해서 긴장하고 겁을 먹는다.

세 번째 서성거리기 연습에서는 규칙이 바뀌자 다시 기분뿐만 아니라 온몸이 변화한다. 당신뿐만 아니라 대부분의 사람들이 세 번째보다 두 번째, 아니 첫 번째의 감정으로 살고 있다고 해도 과언이 아니다.

있는 그대로를 보라

우리는 이 서성거리기 연습을 통해 한 가지 교훈을 배울 수 있다. 즉 연습에서 리더가 맡는 역할을 일상생활에서는 우리의 마음이 맑고 있다는 것이다. 파티에서 우리는 다른 사람들과 어울리면서 끊임없이 최근의 경험과 유년시절의 기억을 되살린다. 그리고 그 경험 또는 기억을 통해 현실을 해석한다. 세 살 때 놀이터에서 낯선 친구와 노는 법을 배웠던 기억을 파티에서 적용하는 식이다. 그런데 서성거리기 연습에서 사람들이 중독됐다거나 친절하고 따스하다는 등의 규칙 모두 리더가 정한 것처럼 우리의 머릿속 생각은 지금 이 순간에 벌어지고 있는 사실과는 큰 관계가 없다. 특히 다른 사람의 마음을 읽어 무슨 생각을 하고 있는지, 특정 행동의 동기가 무엇인지 안다고 생각할 때가 있지만 이는 실제 사실과 거리가 멀다.

오래전 나는 상당한 통찰력을 가진 선생님과 같이 일할 기회가 있었다. 우리는 다른 사람의 생각을 읽을 수 있는지에 관해 토론하고 있었다. 그가 갑자기 회전의자를 굴려 내게 다가오더니 얼굴을 바짝 들이댔다. 그러곤 물러나더니 다음과 같이 물었다.

"내가 방금 뭘 했죠?"

나는 더듬거리며 대답했다.

"나를 놀라게 하려고 했나요?"

"아닙니다."

"내 주의를 끌려고 그랬나요?"

"아닙니다."

"다른 생각을 하지 말고 현재 여기에 집중하라고 그랬나요?"

"아닙니다."

"모르겠습니다. 방금 도대체 뭘 한 거죠?"

"당신 쪽으로 가깝게 움직였잖아요."

몇 마디의 대화였지만 나에게는 깨달음의 순간이었다. 한마디로 '명백한 사실을 일깨우는 한줄기 눈부신 섬광'이었다. 나는 선생님이 한 행동의 동기를 알아맞히려고 하면서 오히려 명백한 사실을 놓치고 있었다. 그리고 나는 사실에 바탕을 둔 뚜렷한 근거가 없는데도 사람들이 악의를 가지고 행동한다고 생각해왔다는 사실을 깨달았다. 매 순간 우리 눈에 보이는 것만이 왜곡 없는 진실이다. 그 밖에는 모두 현재 눈앞의 사실과 관련이 있을지도 모를 과거의 경험이라는 색안경을 통해 해석된 것들이다.

우리는 스스로 선택할 수 있는 힘이 있다. 이것이 서성거리기 연습에서 배워야 할 핵심 교훈이다. 이전에 형성된 머릿속 관념이나 관습적인 사고에 지배받지 않고 매 순간 편견 없는 새로운 관점으로 행동할 수 있다. 잠시 멈춰 서서 스스로에게 물어보자. '지금 실제로 일어난 일이 무엇이지?'

충족되지 않은
요구 때문에

사건이 중요하든 사소하든 화의 원인은 같다.

감정적 동요가 깔려 있다.

충족되기를 바라지만 충족되지 않는 것이 있기 때문이다.

넓은 의미에서 요구는 '왜'와 같다.

'나는 화가 났어, 왜냐면.......'

흔들리지 않는 평정심으로 유명한 스님에게 승려 두 명이 가르침을 받고 있었다. 어느 날 두 제자 사이에 논쟁이 붙었다. 한 명은 스승님도 때때로 화를 낸다고 했고, 다른 제자는 스승님은 절대 화를 낸 적이 없다고 했다. 논쟁은 계속됐고 결국 스승에게 직접 물어보기로 했다. 스승은 서예에 몰두해 있었다. 두 제자는 스승이 고개를 들 때까지 조용히 기다렸다. 첫 번째 제자가 물었다.

"스승님, 저는 스승님도 가끔 화Schadenfreude를 내신다고 했고, 저 친구는 스승님이 화를 절대 안 내신다고 했습니다. 스승님은 화를 내십니까?"

"둘 다 맞다."

스승은 짧게 대답하고는 다시 고개를 숙여 서예에 집중했다.

제자들은 물러나서 이제 스승의 대답에 대해 논쟁했다. 스승의 답으로도 논쟁이 해결되지 않자 두 제자는 흥분하기 시작했다. 감정이 격앙된 제자들은 스승에게 다시 몰려갔다. 이번에는 두 번째 제자가 물었다.

"스승님, 어찌하여 저희 질문에 답을 주지 않으십니까?"

"너희 각자가 원하는 답을 이미 주지 않았느냐?"

스승이 말하자, 첫 번째 제자가 말했다.

"저희는 누가 옳은지를 알고 싶습니다."

"누가 옳은지를 알면 옷이 나오느냐? 밥이 나오느냐?"

스승이 말했다.

두 제자는 잠시 생각을 하더니 대답했다.

"나오지 않습니다, 스승님."

"너희들은 왜 애써서 고통받으려 하느냐?"

스승이 반문했다. 이후 두 제자는 평정심을 가질 수 있었다.

요구가 화를 부른다

화내는 이유는 단순하다. 요구가 충족되지 않기 때문이다. 모든 사람들은 자신의 주변을 둘러싸고 있는 세상에 기본적으로 요구하는 것들이 있다. 어떤 것은 지속적이다. 예를 들면, 타인이 자신에게 상처주지 않기를 바란다. 또 어떤 것들은 특별한 상황에서 생겨난다. 생일선물을 바란다거나 일할 때 방해받고 싶지 않다는 것과 같은 요구다. 배우자나 직장동료처럼 특정 관계에는 그에 맞는 요구가 있다. 요구는 구체적일 수도 있고 추상적일 수도 있다. 일터에서 급여 수령을 원하는 요구는 구체적이지만 다른 이에게 존경이나 사랑받고 싶다는 요구는 추상적이다. 어쨌든 이런 요구들 중 일부를 제외하면 대부분은 그리 중요하지 않고 오직 삶 속에서 화를 불러일으킬 뿐이다. 위의 이야기에서 누가 옳은지를 알고 싶은 두 제자의 요구도 중요하지 않다.

2장 Exercise 2-1(42쪽)에서 적었던 화의 목록을 살펴보자. 그리고 각 목록에 상응하는 충족되지 않은 요구를 적어보자.

● Exercise 3-1

사건

· 아내가 내 생일을 까먹었다.

· 남편이 치약뚜껑을 닫지 않는다.

충족되지 않은 요구

· 아내가 내 생일을 기억하면 좋겠다.

· 남편이 깔끔한 화장실을 쓰고 싶은 내 요구를 존중해주면 좋겠다.

~~~~~~

~~~~~~

~~~~~~

사건이 중요하든 사소하든 화의 원인은 같다. 감정적 동요 아래 충족되기를 바라지만 충족되지 않은 요구가 깔려 있기 때문이다. 넓은 의미에서 그 요구는 '왜'와 같다. '나는 화가 났어, 왜냐면……'

여기에서 '요구'라는 단어를 사용한다는 점이 중요하다. 그것은 우리의 마음이 행복을 위해 세상이나 사람들에게 기대하는 것으로, 내면의 필요와 욕망이라 할 수 있다. 요구를 확실히 소리 내어 말하면 요청이 된다.

화가 치밀 때 잠깐 멈춰서 자신의 요구(필요나 기대)가 무엇인지 생각해볼 수 있다면 이미 화를 다스리기 시작한 것이다. 앞으로 다른 여러 가지 방법들도 다룰 테지만, 그것들과 상관없이 그저 자신의 요구를 생각하는 잠깐의 시간만으로도 그것이 얼마나 가치가 있는지 알 수 있을 것이다. 실제로, 특정 유형의 화는 별다른 노력 없이도 해소된다.

간단해 보이는 사건이 그 속에 깊은 문제를 가지고 있을 때가 어렵다. 앞서 Exercise 3-1에 나오는 두 가지 사례가 그렇다. 정확히는 존중이라는 문제가 숨어 있기 때문이다. 배우자가 생일을 기억하지 못하면 사랑이 식었다고 해석한다. 유사하게, 남편이 치약뚜껑을 닫지 않으면 간단한 요구조차 들어주지 않는다며, 이를 자신을 존중하지 않는다고 해석한다.

나는 의도적으로 '해석'이라는 단어를 사용했다. 남편의 행동에 대한 이해가 그의 의도나 진실과 완전히 다를 수 있기 때문이다. 그냥 단순히 게으르거나 다른 물건들을 처리할 때도 마찬가지일 수 있다. 만약 그렇다면 그의 행동은 사랑이나 존중과는 아무런 상관이 없다.

심리치료에서는 요구나 기대의 밑바닥에 깔려 있는 이유를 탐색한다. 예를 들면, 비판받을 때 즉시 화가 난다면 원인은 성장과정에서 양육자의 비판을 자주 받았기 때문이다. 심리치료의 주 목적은 불안의 근본 원인을 파악하는 것이다. 그러나 여기서 우리가 하려는 바는 치료가 아니다. 단순히 화를 다스리고 이를 바꾸는 것이다. 아무리 사소한 상황이더라도 잠깐 멈춰 충족되지 않은 요구가 무엇인지 생각해보는 것으로 충분하다. 자신의 요구가 무엇인지 인식하는 연습을 하면 가장 정직하고 정확하게 자신이 왜 화를 내는지 알 수 있다. 이러한 연습을 반복하면 화내는 횟수와 강도가 줄어들고 그에 수반되는 스트레스도 사라진다. 그리고 특별한 노력 없이도 자신을 자극하는 것이 무엇인지에 대한 정확한 통찰력이 생긴다.

잠시 멈춰 스스로 질문하는 과정이 자신의 요구가 정확히 무엇인지 파악하는 것보다 더 중요하다. 멈춤 그 자체가 화를 줄인다. 진짜 요구가 무엇인지 알아가면서 이를 버릴지 아니면 더 효과적으로 이를 달성할지를 선택할 수 있게 된다.

4가지 요구

요구는 일반적으로 네 가지 형태로 나눌 수 있다. 대개의 분류가 그렇듯이, 이를 통해 해석을 끝내고자 하는 것이 아니다. 이러한 분류를 통해 내용을 더 깊이 들여다볼 수 있는 출발점으로서 의미가 있다.

• 중요하면서 합리적인 요구

'배우자에게 사랑받고 싶다'와 같이 전적으로 정당하고 의미 있는 요구다.

• 합리적이지만 중요하지 않은 요구

'레스토랑 창가자리에 앉고 싶다' 또는 '나는 중국음식을 먹고 싶은데 그녀는 이탈리아 음식을 원한다'와 같이 합리적이긴 하지만 중요한 요구는 아니다. 스스로 평가해보라.

• 비합리적인 요구

'초보운전자에게 방해받고 싶지 않다' 또는 '내가 중요한 사람임을 낮

선 사람이 알아주기 바란다'처럼 어리석고 말이 안 되는 요구다.

• 불가능한 요구

'내 기발한 아이디어가 채택돼야 해' 또는 '모두에게 사랑받고 싶어', '나를 행복하게 해줘', '제발 내가 신경 쓰지 않게 당신이 모두 맡아서 해결해줘'와 같은 요구다. 대개 단일 사건이기보다는 지속형인 경우가 많다. 그리고 포괄적이다. 충족되기 힘든 요구들이기 때문에 지속적인 화의 근거로 작용하고 만성적으로 불행하게 한다.

Exercise 3-1(57쪽)의 목록으로 다시 돌아가자. 목록의 각 사건 뒤에 잠재돼 있는 요구들을 위 기준에 따라 분류해보자. 일부는 비합리적이거나 불가능하거나 중요하지 않은 범위에 포함될 것이다. 비슷한 상황을 다시 만났을 때 자연스레 연결되는 화를 떨쳐버릴 수 있을지 생각해보자.

◗ Exercise 3-2

비합리적이거나 불가능하거나 중요하지 않은 요구가 무엇인지 적어보자

~~~~~~

~~~~~~

~~~~~~

왜 요구하지 않는가?

일상 속에서 화를 만들어내는 방법 중 하나가 자신의 요구를 제대로 알리지 않는 것이다. 실제로, 우리는 주변 사람들이 자신이 원하는 바를 마법처럼 알아주기를 바란다. 그리고 본인이 알리지도 않은 요구와 부합하지 않는 상황이 발생하게 되면 화를 낸다.

이제 막 새로 구입한 고가의 바지를 입고 외출을 했는데 별다른 이유 없이 지퍼가 고장이 났다고 상상해보자. 바지를 환불하러 가게로 돌아갔다면 점원에게 어떻게 말할 것인가?

"이 바지를 한번 보세요. 지퍼가 고장 났어요."

"네, 죄송합니다."

"무슨 바지가 이렇게 조잡해요!"

"네, 죄송합니다."

"이런 물건을 팔다니 부끄러운 줄 아세요."

"네, 죄송합니다."

"환불해주세요."

"아! 환불을 원하시는군요."

사랑하는 사람이 자신의 마음을 읽어주기를 바라는 이들이 있다. 알려주지도 않은 자신의 마음속 요구에 상대방이 부응하는 행동을 해주기를 원하는 것이다. 마법을 부리지 않는 한 표현하지 않고 마음속에만 있는 요구를 알 수는 없다. 그러곤 화를 낸다.

자신의 요구를 말하지도 않으면서 상대방이 알아서 움직여주기를 바라는 사람이 되지 말자. 그런 종류의 사람들은 종종 이런 환상을 품는다. '정말 나를 소중하게 생각한다면(사랑한다면), 내 마음을 알 거야.'

한번은 화 다스리기 워크숍에서 사람들을 옆자리 사람을 향해, 이왕이면 함께 참석한 지인이 아니라 낯선 사람 쪽으로 돌아앉게 했다. 그리고 신체동작을 요구하는 간단한 부탁('목을 쓰다듬어주세요' 같은)을 하게 했다. '펜을 빌려주세요'처럼 일상에서 흔히 하는 부탁을 피하기 위해 신체동작과 관련된 요구를 하라고 했다. 상대방은 그 요구를 따르든 거부하든 자유다. 그리고 역할을 바꿨다. 요구를 하는 것과 요구에 따르는 것 중 어느 쪽이 더 쉬울까? 참가자들은 거의 한 명도 빠짐없이 구체적 요구를 따르는 것이 요구하는 쪽보다 쉽다고 말했다.

일상생활에서는 항상 다른 사람들과 얽히고설킨 행동들이 이어진다. 위의 실험을 일상에서 해보라. 다른 사람에게 요구를 해라. 예를 들어, 마트 계산대에서 한두 가지 물건만 든 채 카트 가득 물건을 싣고 계산하려는 사람 뒤에 서 있다면 먼저 계산할 수 있냐고 물어보라. 차에 무거운 물건을 싣기 위해 힘들어하고 있다면 지나가는 사람에게 도움을 구해보라.

입 밖에 내지 않은 요구들

일상생활에서 만약 요청을 하면 충족될 수 있는데 미처 말하지 않은 요구들이 있는가? 그것은 합리적인 요구들인가? 중요한가? 누군가 당신 내면의 요구들에 부합하지 않은 행동을 하면 화가 나는가? 원하는 바를 말하지 않고 화를 일상 속에서 반복해서 내는가? 잠시 시간을 내어 입 밖에 내지 않은 요구들을 생각해보자.

요청하는 습관을 들여야 한다. 말하지 않은 요구들을 잘 살펴보면 화를 내는 많은 경우를 이해할 수 있다. 원하는 바나 필요에 관해 분명하게 표현하지 않으면 특히 친밀한 관계에서 커다란 문제를 야기한다. 부부관계 클리닉은 내면의 요구를 상대방에게 분명하고 정확하게 표현하도록 가르친다.

금요일 상담시간에 어느 아내가 남편에게 꽃다발을 받고 싶다고 말했다. 생일이나 결혼기념일이어서가 아니라 오로지 사랑의 표현으로서 받고 싶다고 말했다. 다음 주에 남편은 꽃가게에 전화를 걸어 커다란 꽃다발을 '사랑해'라는 카드와 함께 아내에게 보내달라고 주문했다. 다음 상담시간에 남편은 드디어 아내의 웃음을 볼 수 있을 것이라고 기대했다. 그러나 아내는 여전히 화가 나 있었다. 비록 꽃다발을 받긴 했지만 남편이 '사랑해'를 카드에 직접 쓰지 않았기 때문이다. 아내는 내면에 말하지 않은 요구를 많이 가지고 있었던 것이다. 그러니까 남편은 아내가 말하지 않아도 때때로 특별한 이유 없이 선물을 줘야만 한다는 사실을 알고 있어야 했다.

아내가 달라고 요구해서 받은 선물은 선물이 아니다. 엎드려 절 받기다. 남편이 선물을 할 때는 전화를 걸어 주문해서는 안 되고 직접 수고를 해서 자신의 노력을 보여줘야 한다. 아내의 요구는 남편의 세심함과 친밀함일 테고, 그것은 곧 자발적 선물로 표현된다. 이러한 아내의 요구는 아마도 남편의 과거 경험에는 존재하지 않을 것이다.

어쩌면 아내는 사라져가는 남편의 사랑을 선물을 통해 확인하고 싶었는지도 모른다. 그녀는 화를 내는 대신에 이렇게 말하고 싶었을 것이다. "아름다운 꽃다발을 보내줘서 고마워요." 남편의 노력에 보답해 둘 사이가 더욱 가깝고 다정해지도록 애를 썼을 것이다.

요구를 밝히지 않으면

많은 관계가 위험에 빠져 있다. 구성원 사이에 존재하는 입 밖에 내지 않은, 서로 간에 알 수 없는, 충족되지 않은 요구 때문이다. 이런 관계에는 부부, 연인, 이웃, 사업파트너, 조직 구성원들이 포함된다. 독서모임에 비해 결혼관계가 그러하듯, 관계가 더 중요할수록 그들 사이에는 잃을 것이 더 많아진다. 잃을 것이 많은 사이일수록 자신의 요구를 분명하게 밝히지 않는 경향이 있다. 너무 위험하기 때문이다.

한쪽 배우자는 자신이 원하는 바가 얼마나 많은지 상대방이 알게 되면 관계에 금이 갈까 두려워한다. 또 흔한 두려움은 이것이다. '사람들이 내 본모습과 내가 원하는 바를 알게 되면 나를 따돌리거나 아예 외면할지도 몰라.' 세 번째 공포는 자신의 요구를 다른 사람이 거절하면 따라오는 감정이다.

자신의 욕망을 충족시키기 위해서는 우선 이를 분명하게 표현해야 한다. 그러나 표현한다고 해서 반드시 충족되지는 않는다. 때때로 사람들은 자신의 요구를 숨긴다. 이를 말하는 것이 너무 위험하다는 것을 알기 때문이다. 예를 들어, 어느 남편이 자신이 애인을 만들어도 아내가 반대하지 않기를 바라는 욕망을 가지고 있다고 해보자. 이 경우에는 요구를 말하는 것이 결코 관계를 개선시키지 않을 것이다. 아내 입장에서는 남편이 결혼서약을 준수하고 외도하지 않기를 바랄 것이다. 따라서 남편이 내재된 욕망을 말하지 않아야 결혼생활을 온전하게 유지할 수 있다.

물론 서로의 중요한 요구가 충족되지 못한다면 관계를 끝내는 것이 오히려 바람직하다. 그러나 그런 관계라 하더라도 감정상의 다른 문제로 인하여 결단을 내리지 못하는 경우가 많다. 본인의 필요에 더 적합한 상대를 만나기 힘들 것이라 생각하고 현재의 관계를 떠나는 위험을 감수하려 하지 않는다. 삶의 형태에 변화를 주지 못하는 것은 화가 삶의 일부로서 자리 잡게 만드는 또 다른 이유 중 하나이다.

반드시 자신의 요구를 다른 사람에게 알려야 한다는 법칙은 없다. 스스로 이를 밝히지 않을 수 있다. 그러나 그로 인해 생겨날 수 있는 일들은 인지하고 있어야 한다.

나의 요구는 무엇인가?

자신에게 중요한 사람들이 충족시켜주기를 바라는 요구지만 아직 설명하지 않은 것들이 있는가? 본인 삶 속에 중요한 인물을 한 번에 한 명씩 생각하고 그들에게 어떤 화나 불만을 품고 있는지를 떠올려보자. 만약 있다면 다음의 방법을 통해 그 원인을 파악하는 데 도움을 받을 수 있다.

우선 표현을 할 경우에 충족될 수 있는 요구인지 하나씩 살펴보라. 이를 표현하는 데 두려움을 느끼는가? 아니면 표현하지 않아도 상대방이 이 정도는 알 수 있겠지 하고 추정하고 있는가? 자신의 마음을 배우자가, 아니면 관련된 그 누구든지 읽어낼 수 있다고 무의식적으로 기대하고 있지는 않은가?

한꺼번에 모든 요구에 대한 요청을 하지는 말자. 한 번에 하나씩 요청하라. 어떤 이유에서든지 원하는 바를 표현하기 어렵다면 타당한 요구인지 스스로에게 물어보라. 만약 표현하기 어렵다면, 최소한 그 요구가 충족되지 않았을 때 느끼는 화에 대한 본인의 역할과 책임에 대해서 이해하게 될 것이다. 다시 말해, 해당 상황에서 어쩔 수 없이 화를 내야만 하는 것이 아니라 본인에게 선택권이 있다는 것이다.

자신의 욕망이나 필요를 분명하게 표현하지 못하면 고립되거나 외로워진다. 많은 독신자들이 만족스런 배우자나 인간관계를 찾기 힘들다고 불평한다. 그들은 자신의 욕망을 표현하면 그나마 가능성 있는 상대방도 불현듯 떠나버리지 않을까 하는 두려움을 가지고 있다. 그러나 오히려 표현하지 않음으로써 만족스런 인간관계를 형성하지 못한다. 나는 이를 '인간관계의 비행경로 이론'이라고 부른다.

당신은 내 공항에 착륙할 수 있다. 너무 빨라도 느려도 안 된다. 너무 왼쪽이나 오른쪽으로 치우쳐서도 안 된다. 또 너무 높거나 낮아도 안 된다. 그러나 나는 어떤 코스가 정확한지 알려주지는 않겠다. 그리고 한 번 착륙에 성공했다 하더라도 다음번에도 착륙코스가 동일할 거라 생각하지는 마라.

자신이 복잡하고 비밀스러운 마음속 착륙코스를 가지고 있다는 사실을 깨닫게 되면 화가 나기보다는 슬퍼진다. 그러나 변화를 도모할 수 있는 힘이 생긴다.

완벽하지 않아도 좋아

우리의 관계를 실망과 실패로 몰고 가는 또 다른 이유가 있다. 그것은 다름 아닌 자신이 맺고 있는 관계가 완벽해야 한다는 기대다. 우리가 '완벽'이라 정의 내리는 것은 머릿속에 형성되어 있는 과거의 기억과 케케묵은 편견에서 나온다.

모든 면에서 행복한 결혼생활을 하고 있는 부부가 있다. 그런데 남편은 아내가 요리하기를 좋아하지 않는다는 이유 하나만으로 화를 낸다. 아내는 가게를 직접 운영하며 아이들에게도 훌륭한 엄마다. 남편은 그런 아내와 그녀의 일을 존중한다. 그러나 남편은 완벽에 대한 잘못된 기대를 가지고 있어서 저녁으로 냉동음식을 먹을 때나 외식을 해야 할 때마다 화가 난다.

아내도 화가 나기는 마찬가지다. 아내는 경제적으로 풍족한 삶을 요구하며, 남편이 이에 부응하여 밖에 나가 열심히 일하기를 바란다. 그러면서 동시에 아내는 남편이 가정에 신경을 쓰지 않는다고 화를 낸다.

결핍된 한 부분에만 집중하는 것이 아니라 관계를 전체적으로 바라보는 관점만 가져도 상황은 즉시 개선된다. 다시 말하지만, 문제에 대한 자신의 책임과 역할에 대한 인식과 이해가 필수적이다.

우리의 내면에 숨어 있는 요구는 복잡하고 대개는 지극히 사적이다. 완결된 특정 공식으로 해결할 수 있는 문제가 아니다.

그러나 내면의 욕망을 인식하지 못하고 그래서 표현하지 않음으로써 생겨나는 화의 총량을 줄이면 본인 내면의 요구를 해결하는 데에 힘을 얻을 수 있다.

4장

화내면 결국
누구 손해?

화를 참는 것은 불편하고 고통스럽다. 화를 받은 쪽은

공격자에게 화로 대응하기 쉽다. 화로 대응하는 것이 가

능하지 않으면 다른 사람에게 화를 푼다. 문제의 상황과

아무런 관련이 없더라도 말이다.

어느 바보에 관한 우화다. 옛날에 한 남자가 다른 남자에게 화가 나서 어쩔 줄 몰랐다. 밤낮없이 화에 휩싸여서 항상 불행한 시간을 보냈다. 어느 날 친구가 찾아왔다. 친구는 그 남자의 상태를 보더니 물었다.

"무슨 일 때문에 그렇게 괴로워하는 건가? 무슨 문제로 그렇게 빼빼 마른 건가?"

남자가 대답했다.

"마을에 나를 험담하고 다니는 녀석이 있는데 복수할 방법을 못 찾겠어. 나를 이렇게 힘들게 만드는 그놈을 죽이고 싶은데 어떻게 죽여야 될지를 몰라 미치겠어."

친구가 말했다.

"그 남자를 죽일 수 있는 악마의 저주를 내가 알고 있지. 너에게 가르쳐줄 수는 있지만 한 가지 문제가 있어. 이 저주를 그 남자에게 내리면 너에게도 피해가 있어. 그 남자를 죽일 수는 있는데 그러면 너도 죽게 돼."

남자는 이 이야기를 듣고도 주저하지 않았다.

"제발 그 저주를 가르쳐줘. 설사 내가 죽는다 해도 최소한 그놈 역시 죽는 거잖아."

티베트 속담에 이런 말이 있다. "문제를 해결한답시고 화를 내는 것은 상대방에게 던지기 위해 빨갛게 달궈진 석탄을 움켜쥐는 짓이다."

화는 그 어떤 감정보다 피해가 크다. 위의 우화가 보여주듯이 어떤 사람들은 증오를 표현하기 위해 자신의 희생까지 기꺼이 치르려 한다. 만약 보복운전, 술집에서 벌어지는 싸움, 심장마비, 그리고 로버트 서먼Robert Thurman이 "조직된 화"라고 표현했던 전쟁으로 인한 사망자 수를 합한다면, 이 치명적인 원죄가 사람을 살해하는 가장 큰 원인임을 알 수 있다.

죽음을 제외하면, 화만큼 관계를 단절하고, 상처를 주고, 불구로 만드는 것도 없다. 한순간의 화가 평생을 이어온 우정을 망칠 수도 있다. 또 오랜 세월을 노력해 쌓은 경력과 명성을 날려버릴 수도 있다. 습관적인 화는 아이들에게 평생에 걸쳐 지속

되는 상처를 준다. 효율성을 파괴하고 일상을 비참하게 만든다. 억눌릴 때 화는 생겨나 쌓이고 마침내 항복선언을 할 때까지 마음을 온통 휘저어놓는다. 우리는 낮에 벌어졌던 어떤 일로 화가 난 상태에서 잠자리에 들어 날이 밝을 때까지 뒤척거리며 밤을 새운 경험이 있다. 정말 끔찍한 경우에는 며칠간, 몇 달간, 심지어는 평생 동안 화를 품고 살기도 한다. 몸과 마음은 지속적으로 피폐해진다. 그 화에 따른 행동을 하면 분노의 대상에게만 고통을 가하는 것이 아니라 미래에 간접적으로 영향을 받을 사람들에게도 고통을 가하게 된다. 화가 나면 타인의 감정이나 대응에 대해 맹목적이 된다. 하지만 이른바 '부수적 피해'는 생각보다 더 클 수 있다.

화가 인간관계에 주는 피해

화를 내면 일단 기분이 좋지 않다. 그러므로 첫 번째 화의 대가는 우리 자신의 몸과 마음에 대한 영향이다. 그 영향이 미치는 순간이 짧다면 피해가 그리 나쁘지는 않을 것이다. 하지만 화는 남아 있을수록 점점 더 심해지는 속성이 있다.

어느 날 내 아내가 급식 주방에서 일하고 있을 때 한 젊은이가 들어와 차에 기름이 떨어졌는데 20달러를 빌릴 수 있느냐고 물어왔다. 그는 운전면허증을 보여주면서 자신이 그 지역의 유명한 가문 일원이라고 했다. 젊은이는 차용증서까지 작성하고 아내에게 돈을 빌려갔다. 며칠이 지났지만 아무 소식이 없자 아내는 차용증서의 전화번호로 연락을 했다. 전화를 받은 사람은 그 가문의 사람이었지만 그런 젊은이는 자기 가족 중에는 없다고 했다. 아내는 평소에 화를 잘 내지 않는 성격이지만 이번에는 자신의 믿음과 호의가 배신당한 데 대해 맹렬히 화를 냈다. 그 주 내내 누군가 그녀에게 20달러 지폐를 건네면 다시 화가 폭발했고 무슨 일을 하고 있든지 그 순간부터 집중을 하지 못했다. 작가인 휴 프레이더Hugh Prather의 표현을 빌리면 "화를 안고 있는 것은 누군가에게 내 머릿속 공간을 임대한 것과 같다."

단순히 화를 품고만 다녀도 피해가 있다. 그러나 이를 타인에게 표현하면 대가는 훨씬 더 커진다. 집에서 일하고 있는 중에 아이들이 떠들어 집중을 방해받을 때가 있다. 이때 폭력적인 목소리로 큰 소리를 질러 애들을 조용히 시킬 수는 있다. 그러나 이제 애들은 아빠를 두려워한다. 가까운 누군가가 생활 형편에 비해 지나치게 비싼 무언가를 사려고 할 때, 논리적인 설득보다 화가 대화를 더 빨리 종결짓기도 한다. 하지만 이제 상대방과의 관계에는 틈이 생긴다. 화를 사용해 사업 파트너를 강하게 밀어붙여 자신에게 유리한 계약조건에 합의하게 할 수도 있다. 실제로 다른 방법으로는 불가능한 유리한 계약을 만들어낼지도 모른다. 그러나 다음번엔, 상대방도 강한 자세로 나오거나 당신과 계약하는 것 자체를 거부할 것이다.

의문점은 남는다. 눈앞의 목적을 이룰 수 있는데, 가족이나 연인, 사업상 관계를 불문하고 화를 사용해서는 안 될 정도로 관계에 미치는 피해가 크다고 생각하는가? 최대한 간단하게 말하면, 사람들은 화를 내는 사람을 좋아하지 않는다. 그리고 화의 표적이 된 데 대해 원망을 품는다.

화를 내는 표면적인 이유는 요구를 달성하기 위해서다. 앞서 설명했듯이 화란 충족되지 않는 요구에서 생겨나기 때문이다. 그러나 이성적으로 생각하면 종종 화는 목적 달성에 쓸모가 없다. 인생을 거슬러 올라가면 이런 전략이 잘 통하는 시기가 있다. 아기는 엄마에게 성질을 부려 자기 마음대로 조종하려 든다. 이런 유아기의 습성이 성인 때까지 이어진다. 그러나 화는 이제 원하는 바를 얻어내기 위한 효과적인 도구가 더 이상 될 수 없다. 다음과 같은 상황을 비교해보자.

손님으로 북적이는 레스토랑에서 첫 번째 남자가 말한다.
"여기, 우리는 영화 티켓을 예매했거든요. 그래서 45분 내에 식사를 마치고 나가야 해요. 늦어지면 매니저를 부를 겁니다."

또는

두 번째 남자가 이렇게 말한다.

"부탁이 있어요. 영화 티켓을 예매해서 45분 안으로 식사를 마쳐야 돼요. 좀 도와주실래요?"

누구의 음식이 더 빨리 나왔을까? 워크숍 참가자 중 한 명은 이렇게 말했다. "둘 다 제시간에 영화를 볼 수는 있었겠지만, 첫 번째 남자는 자기도 모르게 수프 속에 있는 뭔가를 먹지 않았을 까요?" 이번에는 다른 상황을 비교해보자. 직원이 실수를 했다.

첫 번째 사장이 말한다.
"아이고 멍청하기는, 너처럼 바보 같은 놈이 또 어디 있겠냐. 앞으로 지켜볼 거야."

또는

두 번째 사장은 이렇게 말한다.
"이런, 일을 잘못 처리했군요. 누구나 실수를 하죠. 자, 이제 이런 실수를 반복하지 않으려면 어떻게 해야 할까요?"

첫 번째 사장의 대응은 직원이 실수를 인정하는 선에서 그치지 않고 바보라고 불리는 모욕까지 감내하게 했다. 어느 쪽 직원이 똑같은 실수를 반복하지 않을까?
몇 년 전, 나는 잠시 브리지(미국에서 주로 즐기는 카드게임-옮긴이)

선수로 활약을 한 적이 있다. 『브리지 게임에서 지는 이유Why You Lose at Bridge』라는 책을 읽기 전까지는 잘하는 선수가 아니었다. 아직도 몇 가지 원칙을 기억한다. 같은 편이 내 에이스를 무시하는 바보 같은 플레이를 할 때, 이에 대해 화를 내게 되면 나 자신 또한 결국 멍청한 짓을 하게 된다. 이 원칙에 대한 이해 하나만으로도 게임 실력이 많이 늘었다.

화내지 않았을 뿐인데

오랫동안 내가 법률 업무를 대리했던 고객이 있다. 그는 착하고 정직한 사업가다. 하지만 그도 종종 화를 내곤 했다. 어느 날 그가 내 사무실로 씩씩거리며 들어왔다. 손에는 시청에서 날아온 세금 고지서가 들려 있었다. 그는 주식회사와 빌딩을 소유하고 있었는데 여러 가지 이유로 빌딩을 자사에 임대하고 있었다. 물론 빌딩 임대료를 낼 생각은 못했다. 그렇게 15년이 지난 지금, 시청은 그간의 임대료에 대한 세금을 내야 한다고 고지한 것이다. 고지 금액은 자그마치 3만 3,000달러에 달했고 게다가 고지 금액의 두 배에 달하는 연체료와 이자에 대한 사항이 포함돼 있었다. 나는 해당 법률관계를 살펴보았고 불행히도 시청의 세금 고지에 아무런 하자가 없다는 사실을 발견했다.
우리는 대책을 논의했다. 나는 그에게 혼자서 시청으로 가 금액 조정을 요청해보라고 제안했다. 아무런 법률적 문제가 없기 때문에 변호사를 대동하고 나타나면 이의를 제기하겠다는 의사표시로 보일 수 있고 시청이 협조적으로 나오지 않을 수 있기 때문이다. 한편 그 일이 있었던 주말에 화 다스리기 워크숍이 예정되어 있었는데 나는 그 사업가를 초청했다. 그는 워크숍에 진지하게 임했다.

돌아오는 월요일에 그는 시청의 세무관을 만났다. 한 시간여의 상담 후에 세무관은 말했다.

"자, 내 생각에 연체료와 이자를 1만 달러 이하로 처리할 수 있을 것 같군요."

그는 무한한 감사를 세무관에게 표했다. 그러자 세무관이 말했다.

"스미스 씨, 제가 해줄 수 있는 일이 더 없나 찾아보게 되네요. 업무상 저를 찾아오는 민원인들은 거의 모두 화가 난 상태인데 당신은 그렇지 않았어요."

믿기 힘들겠지만, 많은 사람들이 화를 이용하여 누군가를 본인의 의도대로 조종할 수 있다는 환상 속에 행동한다. 그들은 쉼 없이 신랄한 비판과 분노를 쏟아 붓는다. 공무원 같은 사람들이 쉬운 대상인데, 사실 그들은 해당 상황에 대해 실질적 책임도 없고 다른 모든 사람과 똑같이 모욕을 받기 싫어한다. 공무원에 대한 이런 자세는 오히려 공격자의 고통스런 상황에 대해서 눈감게 만들고 오로지 규칙에 따라 일을 처리하게 만들

뿐이다.

불행히도 자신에게 화를 내는 사람의 의도를 꺾는 공무원의 기쁨은 양쪽에 같은 값을 가진 수학 등식과 같다. '샤덴프로이데Schadenfreude'라는 용어는 자신에게 잘못한 사람들이 겪는 고통을 보며 느끼는 기쁨을 일컫는 말이다. 화를 냈을 때 다시 자신에게 피해가 돌아올 확률을 높이는 이유 가운데 하나다. 이런 말이 있다. "뿌린 대로 거둘 것이다."

화나는 대로 행동하면 바보가 된다

가끔은 화를 통해 문제가 해결되기도 한다고 치자. 그러나 화가 나면 즉시 이성은 사라진다. 화로 인해 바보처럼 행동하는 것은 학습된 반응이 아니라 뇌가 직접적으로 작용한 결과다. 뉴욕대학교 신경과학자 조지프 르두Joseph Le Doux는 획기적인 연구를 통해 화가 편도체의 작용이라는 사실을 밝혀냈다. 편도체는 뇌 속의 원시적인 작은 부분이다. '투쟁-도피 반응Fight or flight response'(긴박한 위협 앞에서 자동적으로 나타나는 생리적 각성 상태-옮긴이)을 주관한다.

편도체의 반응은 즉각적이고 자동적이다. 너무 빨라서 논리와 이성을 주관하는 전전두엽이 강렬한 감정을 제어할 틈을 주지 않는다. 원시시대의 생존 측면에서는 편도체의 반응이 반드시 필요하다. 거대한 마스토돈(코끼리 조상격인 고대생물-옮긴이)과 마주쳤다면 더 빠르게 반응할수록 살아날 확률도 더 커진다. 그러나 화 측면에서 보면 편도체의 반응은 너무 빠르고, 너무 강해서 이성적인 뇌를 뒤꽁무니의 먼지 속으로 따돌려버린다. 달리 표현하면, 화의 불길 속에 허덕일 때는 이성적 기능에 접근할 수가 없다. 이런 뇌의 작용은 우리가 화가 나서 행동하면 왜 종종 바보짓을 하는지 그 이유를 설명해준다. 분노의 폭풍이 지나간 후에 우리는 이렇게 말한다. '도대체 무슨 생각으로 그랬지?' 글쎄, 문제는 생각 자체를 하지 않았다는 것이다.

화와 관련해서 전전두엽의 기능이 제한되는 더욱 근본적인 원인이 로스앤젤레스 캘리포니아대학교 신경과학자 매슈 리버먼Matthew Lieberman의 연구로 밝혀졌다. 그는 뇌의 두 부분인 전전두엽과 편도체의 기능이 서로 반비례 관계라는 것을 증명했다. 산소와 혈액이 편도체로 몰려가 분노의 화염을 위한 연료가 될 때 전전두엽은 특히 더 게을러진다. 말하자면, 편도체와 전전두엽이 전투를 벌이면 전전두엽이 총알을 장전하고 있을 때 편도체의 총알은 벌써 발사되고 있는 셈이다.

이성이 감정의 분출을 위한 압박으로 뒷자리로 물러나 앉으면 바람직한 결과가 나올 확률은 혹독하게 줄어든다. 치솟는 화를 다스리는 방법들을 배우지 않는다면 어느 상황에서나 최선의 해결방안을 성취할 수 있는 능력은 위협받게 된다.

너 때문에 이렇게 됐잖아!

오늘날 현대인의 일상에서 화를 일으키는 주된 원인 중 하나는 다름 아닌 컴퓨터. 다른 사람들과 마찬가지로 나도 생활의 많은 부분을 컴퓨터에 의지한다. 그런데 컴퓨터는 아무 이유 없이 멈춰 서고 명령에 반응하지 않기도 한다. 그러면 일단 꺼야 한다.

컴퓨터는 다시 부팅되면서 책망하는 듯한 메시지를 화면에 띄운다. "컴퓨터를 적절히 종료하지 않았습니다. 손상된 파일이 있는지 스캔을 시작합니다." 이런 일이 발생할 때마다 나는 씩씩거리며 기다린다. 컴퓨터를 창문 밖으로 던져버리고 싶은 충동을 가까스로 억누른다.

어느 날, 친구와 함께 일을 하던 중에 컴퓨터가 다시 멈추고 말았다. 친구는 컴퓨터를 껐다가 다시 켰다. 그리고 그 기분 나쁜 메시지가 출력되자 키보드의 'X'키를 눌렀다. 그러자 부팅 과정이 정상적으로 진행됐다. 순간 나는 금속깡통에 너무 화가 난 나머지 이성적으로 해결방안을 찾지 못하고 있었다는 사실을 깨달았다.

어떤 사물에 대고 화를 내는 것은 우스꽝스럽고 쓸모없는 짓이다. 화를 내며 그 사물을 다루고 뜻대로 잘 안 되면 이를 걷어차거나 주먹질을 할 수도 있지만 자신만 다치게 될 확률이 높다. 화의 원인이 사물이 아니라 사람이라면 심각한 문제가 생긴다. 사물에게 화를 내더라도 다시 공격받지 않겠지만 만약 사람에게 본인 말을 잘 듣지 않는다거나 일을 잘못한다고 화를 내면 곧장 반격당할 수 있다. 그러면 대체로 더 높은 강도의 화로 보복한다. 아마도 아래와 같은 상황이 될 것이다.

A: "너는 정말 이번에 엉망진창이야."

B: "내가 엉망진창이라고? 네가 제때에 알려주기만 했어도 이런 일은 없었을 거야."

A: "나보고 알려달라고? 이 바보야. 그건 네 책임이라고."

B: "절대 너는 잘못하는 법이 없지. 항상 남 탓만 하고 잘난 체 으스대기만 하지."

A: "너는 정말 구제불능이구나. 다시는 너랑 얘기도 안 할 거야."

특정 행동에 대한 비난으로 시작해서 인격을 비롯해 서로의 가치를 완전히 깎아내렸을 때 어떤 일이 벌어지는가? 최소한 미래에 서로 협력이 필요한 부분에서는 영향을 미치게 될 것이다. 대화는 단순히 화를 교환하는 것이 아니라 양쪽 모두 불만을 가진 채 끝난다. 두 사람 모두 인정하기는 싫겠지만 실제 벌어진 결과는 모두 패자다. 그들은 적어도 일시적으로 관계가 단절됐을 뿐 아니라 이를 회복하기에도 어려운 장벽을 만들고 말았다.

어느 날 내가 자동차에 주유를 하고 있는데 어떤 여자가 아이를 데리고 편의점에서 나왔다. 아이는 울고 있었고 여자는 소리를 질렀다.

"그렇게 울어도 소용없어. 엄마는 차 타고 집에 간다."

아마 아이가 아이스크림이나 사탕을 사달라고 조르는데 엄마는 사주고 싶은 생각이 없는 모양이었다. 아이는 계속 울면서도 뒷좌석에 올라 안전벨트를 맸다. 엄마는 차에 시동을 걸고 아이를 바라보며 계속 소리를 질렀다. 차는 출발하더니 그만 신호등을 들이받고 말았다.

"너 때문에 이렇게 됐잖아."

여자가 소리를 빽 질렀다. 화로 인해 그 여자는 본인에게 피해를 주는 실수를 여러 번 했다. 뒤를 바라보면서 앞으로 운전을 했다. 이는 분명해 보이는 실수다. 그녀는 자신의 잘못인데도 아이를 탓했다. 불행이 닥쳤을 때, 자신의 잘못을 파악하지 못하면 불행으로 이끈 행동을 고칠 수가 없다. 분명히 불행은 다시 찾아오게 마련이다. 나아가 그녀는 자신의 화가 아이에게 미치는 영향을 생각하지 못하고 있다. 아이를 불행하게 만들 뿐 아니라 자존감에 상처를 주어 앞으로 닥쳐올 인생의 시련을 어떻게 대처할지에 대한 잘못된 예를 보여줬다.

이런 말이 떠오른다. '문제 해결에 있어 화의 역할은 서류를 쌓아서 정리하는 데 선풍기가 하는 역할과 같다.'

화의 물리학

대학에서 물리학을 공부할 때 이야기다. 한번은 연쇄반응의 개념에 대해 한쪽 면이 유리로 만들어진 폐쇄된 상자 안의 쥐덫을 이용하여 설명한 적이 있다. 상자 안의 바닥에는 쥐덫들이 입을 벌리고 튀어 오를 준비가 되어 있었다. 쥐덫에는 원래의 치즈조각이 아니라 구슬 두 개씩이 놓여 있었다. 첫 번째 쥐덫이 튀어 오르면 두 개의 구슬이 두 개의 쥐덫을 건드려 네 개의 구슬이 튀어 오르고 이는 여덟 개의 구슬이 되고 그렇게 계속 이어진다. 순식간에 상자 안은 튀어 오르는 구슬들로 가득차게 된다. 구슬의 연쇄반응은 물리법칙을 보여준다. 이 법칙은 화를 냈을 때 벌어지는 연쇄반응을 정확히 동일하게 설명한다.

다른 사람을 향해 화를 내면 항상 벌어지는 시나리오는 그에 대한 대응으로 동질의 감정을 만들어낸다는 것이다. 화를 참는 것은 불편하고 고통스럽다. 화를 받은 쪽은 공격자에게 화로 대응하기 쉽다. 화로 대응하는 것이 가능하지 않으면 다른 사람에게 화를 푼다. 문제의 상황과 아무런 관련이 없더라도 말이다.

흔하게 나타나는 양상은 원인 제공자에게 화를 되돌려줄 수 없을 때 발생한다. 상대방이 직장상사이거나 배우자일 때, 또는 교통사고같이 상대방을 찾을 수 없을 때 풀어내지 못한 화는 누구든지 만만한 상대를 찾아 뿜어 나온다.

이런 형태의 분풀이는 원인 제공자에게 화를 되돌려주지 못했기 때문에 어떤 만족감도 주지 못한다. 대신에 연쇄반응이 생겨난다. A라는 직장상사가 부하직원 B에게 화를 냈다. 이제 상사에게 화로 대응하지 못한 B는 화 에너지를 품고 있다. 그리고 이를 해소할 상대를 찾는다. B는 자신의 부하직원인 C와 D에게 화풀이를 할 수도 있다. 그들도 화를 돌려주지 못하고 집으로 가서 소중한 가족들인 아이들이나 반려견에게 풀어낸다. 오로지 반려견만이 이 과정을 단절시킨다. 그렇게 화를 내는 한 명이 두 명이 되고 두 명은 네 명이 되면서 연쇄반응이 계속된다.

내 아내의 집안에서는 "세 번째 곰이 됐다"라는 표현을 쓰곤 한다. 자신도 모르게 누군가의 내적 드라마에 걸려 들어가는 상황에서 이 표현을 사용한다. 곰 두 마리가 쓰레기더미 위에 올라가 있다. 첫 번째 곰이 꼭대기에서 편안하게 식사를 즐기는 동안 두 번째 곰이 정상을 노리며 덤벼든다. 첫 번째 곰이 돌아서서 공격하자 두 번째 곰은 허둥지둥 도망간다. 도망가는 길에서 자신만의 작업에 열중하고 있는 세 번째 곰을 만난다. 두 번째 곰은 세 번째 곰의 머리를 후려친다. 이렇게 아무 이유 없이 화풀이의 대상이 될 때, 처가에서는 말한다. "넌 세 번째 곰이야."

서로 다른 원인을 가진 화가 만나 교차하면 그 파장이 더 확대되는 경향이 있다. 결과는 화가 팽배한 사회다. 우리는 시동을 걸어놓은 화 에너지가 커다란 원을 그리며 다시 각자에게 돌아오는 그림을 어렵지 않게 상상할 수 있다.

화는 어떻게 전염되는가?

화를 직접 주고받는 당사자가 아닌 사람들의 입장에서 생각해보자. 방금 화나는 일을 겪은 사람이 차를 몰고 도로로 나서는 것은 그를 둘러싼 세상에 위험한 일이다. 그의 화는 익명의 다른 운전자들과 그와의 질서를 단절시킬 뿐만 아니라 그가 친밀하고 소중하게 대해야 할 사람들과의 관계마저 소원하게 만든다.

노련한 변호사는 증인에게 증언대에서 절대 화를 내서는 안 된다고 말한다. 증인이 화를 내면 배심원과의 공감 관계가 단절될 위험이 있다. 누군가가 기질이 난폭하거나 화를 잘 낸다고 알려지면 다른 사람들은 그를 피한다. 만성적인 화는 사람들과 거리감을 만들고 타인들로부터 아예 고립시키기도 한다. 상대는 배우자나 자녀, 그리고 오래된 친구가 될 수도 있다. 그들 누구도 상대방이 자신에게 왜 화를 내는지 이해하지 못한다. 우리 모두는 사람들이 화를 내는 이와 만나거나 거래하지 않으려 한다는 사실을 잘 알고 있다. 그럼에도 일부 사람들은 이 명백한 사실에서 본인은 예외인 것처럼 행동한다.

직원들이 실수할 때마다 화를 내는 사장은 회사의 생산성을 떨어뜨리고 이직률을 높인다. 누군들 일상적으로 화를 내는 사람에게 지시받고 싶겠는가? 남편이 일상적으로 아내를 비판하면 당장 이혼까지 가지는 않겠지만 관계는 멀어진다. 화 다스리기 워크숍에서 누군가가 이렇게 말했다. "잠자리를 같이할 수 있을지 모르지만 사랑받을 수는 없겠죠."

우리가 흩뿌려놓은 화 에너지는 그냥 사라지지 않는다. 화를 낸 당사자가 시간이 지나 안정을 찾았더라도 마찬가지다. 효과 면에서, 화가 한 번 되풀이될 때마다 각각의 화가 생명력을 갖는다. 그리고 환경을 오염시킨다. 강에 화학물질을 버리면 강물에 희석돼 사라진다고들 생각한다. 화학물질이 생태계의 흐름을 타고 돌아와 다시 우리를 괴롭힐 때쯤엔 그런 효과는 알지 못했다고 주장한다. 마치 공해처럼, 화도 축적되고 유해한 결과를 가져온다.

<스타트렉>의 에피소드 중에 외계생명체가 우주선에 침입하는 사건이 있다. 이 일로 매우 강력하고 격앙된 폭력사태가 벌어진다. 외계생명체는 공격을 받을수록 파괴력이 더 강해진다. 커크 선장은 외계생명체가 승선원들의 부정적인 감정에서 에너지를 얻는다는 것을 파악한다. 모든 사람이 웃기 시작하자 외계생명체는 살수록 약해지다가 결국 사라진다. 이는 화를 다루는 방법에 대한 훌륭한 비유다. 오래전부터 내려오는 평화를

위한 구호와 같다. "선전포고를 했는데 아무도 안 온다면?"

　우리는 화가 났을 때 상대를 제압함으로써 상황을 본인의 생각대로 바로잡을 수 있다고 생각한다. 화가 자신에게 향할 때는 거기에 맞추어 스스로도 화가 나는 상태로 만들어야 한다고 생각한다. 누군가 자신을 모욕했기 때문에 반드시 화를 내야 한다고 가정한다. 그러나 세상에 그렇게 하라는 법칙은 없다. 진정한 행복과 웰빙을 성취하는 방법은 다른 데 있다.

5장

내 속에
화 있다

인식하지 못한 내면의 화는 때때로

자신에게 해로운 행동으로 나타난다.

불규칙적으로 파괴적인 행동을 한다.

무언가를 떨어뜨린다거나 국을 엎지른다.

주변에 이런저런 사고가 자주 일어난다.

만성적인 우울감도 내면의 화가 나타나는 모습이다.

두 명의 승려, 탄잔과 에키도가 여행을 하고 있었다. 비가 억수같이 오고 있었다. 길이 꺾어지는 지점에서 그들은 비단 기모노를 입고 오비(일본의 전통의상 기모노를 입을 때 허리에 매는 넓은 천-옮긴이)를 한 사랑스러운 여인을 만났다. 그녀는 진흙탕 길을 건너지 못해 곤란해 하고 있었다.

"이리 오세요."

탄잔은 즉시 말했다. 그리고 그녀를 안아서 길을 건네줬다.

그들은 침묵 속에 두 시간 정도 계속 길을 걸어갔다. 본래 승려는 절 밖에서는 침묵을 지켜야 한다. 마침내 목적지인 절이 눈에 보이자 에키도는 더 이상 참지 못하고 말했다.

"우리 승려들은 여인을 가까이해서는 안 되네. 나는 자네가 정말로 그 여자를 만졌다는 것을 믿을 수가 없네. 아니지, 실제로는 그녀를 품에 안았지."

그러자 탄잔은 말했다.

"나는 두 시간 전에 그녀를 내려줬네. 그런데 자네는 아직도 그녀를 품고 있는가?"

에키도는 선禪을 수행한 승려임에도 자신이 화를 품고 있다는 사실을 인지하지 못했다. 우리는 극심한 화를 깨닫거나 인식하지 못하고 지속적으로 표현할 수도 있다. 탄잔이 에키도의 화를 알아보듯이 다른 사람에게는 명백해 보이는 화를 본인은 깨닫지 못한다. 붉으락푸르락한 얼굴로 소리를 질러대는 친구에게, "그렇게 화낼 필요는 없어"라고 말하면 이렇게 대답한다. "난 화나지 않았어! 왜 내가 화가 났다고 생각하는 거야?"

왜 화를 인정하지 않는가?

많은 힘들이 화를 억누르고 자각하지 못하게 작용한다. 심리 치료가 시작되면 치료사는 이런 질문을 자주 한다. "그런 것들 때문에 화가 나지는 않나요?" 환자는 대답한다. "절대 아닌데요, 나는 화가 나지 않았어요." 결국 환자가 인정할 때까지 질문은 계속된다.

우리 중 일부는 화를 표현하는 것이 용납되지 않는 집안 환경에서 성장했다. 또 어떤 사람들은 화를 표현하는 것이 잘못된 일이라고 교육을 받았을 수 있고 그래서 수치심이 이를 인정하는 것을 가로막는다. 그들은 또 화를 공개적으로 표현하면 본인이 무슨 일을 저지를지 몰라 두렵거나 같은 방식으로 반격을 당할까봐 두려워할 수도 있다. 필 박사 Dr. Phil(미국 AFKN 인생상담쇼 <닥터 필 쇼>의 호스트이자 인생 전략가─옮긴이)에 의해 대중화된 표현에 따르면, 그들은 자신의 화나 그 속에 잠재된 요구를 인정하지 않으려 한다. 본인이 온전히 이타적이라는 환상을 깨고 싶어 하지 않는다. 그리고 그런 저급한 감정에 굴복하지 않고 좋은 마음으로 행동한다고 믿는다.

화를 인정하는 것을 막는 또 다른 요인은 혹시 화를 주체할 수 없지 않을까 하는 공포다. 그러나 진실은 그 반대다. 스스로 인정하지 못하고 화를 속에 품고 있으면 빈번하게 '내가 뭐에 씌었었나봐, 왜 그런 짓을 했지?'라고 말하는 상황으로 몰고 간다. 화를 부정하는 것은 화를 다스릴 수 있는 가능성을 없앨 뿐만 아니라 필요한 의사소통마저 불가능하게 만든다. 게다가 화는 간접적으로 나타나거나 자신의 모습을 숨긴다.

상황 1 | 의사와 데이트를 하면서 한 여자가 자기도 모르게 과거에 다른 남자들이 얼마나 자기를 잘 대해주었는지에 대해서만 주

로 이야기했다. 나중에 그녀는 허리통증으로 침술치료를 받고 싶다고 말했다. 그러자 의사는 말했다. "침술은 아무런 도움이 안 돼요. 왜 교회에 나가지 않으세요? 가격도 싸고 훨씬 효과적일 거예요."

상황 2 | 여자친구와 이제 막 헤어진 남자에게 이런저런 사고가 자주 일어난다. 그는 무쇠냄비를 발에 떨어뜨리고, 못을 박다가 손가락을 망치로 때리고, 주차장을 나서다가 시멘트 분리대를 타고 넘는다.

상황 3 | 다른 도시로 이사를 간 여자가 고향의 친구와 한 달 뒤 어느 토요일 밤에 만나기로 약속을 잡았다. 그녀는 약속한 날짜가 다가오자 친구에게 전화를 걸어 토요일 대신에 금요일에 만날 수 있겠냐고 물어봤다. 친구는 승낙했다. 금요일 아침에 그녀는 다시 전화를 걸어 약속시간을 30분 앞당겨 오후 6시에 보자고 제안했다. 고향 친구는 새로운 약속시간에 레스토랑에 도착했다. 그런데 다시 그녀에게서 출발이 늦었다는 전화를 받았다. 그녀가 6시 45분에 도착했을 때, 고향 친구는 말했다. "우리 6시에 만나기로 했잖아." 그러자 엉뚱하게도 그녀가 폭발했다. "그렇게 성질낼 거면 없던 일로 하자"라며 자리를 박차고 떠나버렸다.

상황 4 | 한 남자가 자신이 접하는 모든 것에 대해 비난하며 자신의 취향과 분별력의 수준을 드러낸다. "그 책 내용은 별로야", "그 영화는 더 잘 찍을 수 있었어", "그 식당은 너무 비싸", "그 친구의 새 여자친구가 그렇게 예쁘지는 않아."

 혹시 위에 나오는 상황 중에 자신의 모습이 있지는 않은가? 이 모든 행동은 화의 표현들이다. 의식적이든 무의식적이든 상관이 없다. '수동 공격성passive aggression'이라는 잘 알려진 현상이다. 시무룩한 표정을 짓는다거나 의도적으로 게으름을 피우며 일하는 것과 같이 수동적인 방법으로 부정적 감정을 표현하는 것을 말한다. 늦게 나타난 뒤 친구에게 죄책감을 씌우려는 여자처럼 행동하는 사람들은 자신의 적대감이나 그에 따르는 피해에 대해 인식하지 못할 수도 있다. 마찬가지로 공공장소에서 담배를 피운다거나 공격적으로 들리는 큰 소음을 내며 오토바이를 모는 사람들도 본인의 화를 인식하지 못하고 있을 수 있다. 때때로 잠재된 화가 무의식적으로 솟구쳐 나오기도 한다. 이런 현상을 '프로이트적 실수Freudian Slip'(프로이트가 창안한 심리학 용어로 무의식에서 나온 콤플렉스에서 기원한 말실수-옮긴이)라고 한다. 이에 대한 유명한 농담이 있다. "나는 '소금 좀 건네줘'라는 뜻으로 말했는데 입에서는 이런 말이 나왔어, '나쁜 년, 네가 내 인생을 망쳤어.'"

인식하지 못한 화 때문에

인식하지 못한 내면의 화는 때때로 자신에게 해로운 행동으로 나타난다. 불규칙적으로 파괴적인 행동을 한다. 무언가를 떨어뜨린다거나 국을 엎지른다. 주변에 이런저런 사고가 자주 일어난다. 만성적인 우울감도 내면의 화가 나타나는 모습이다. 화는 끊임없이 내면을 파고들고 자신에게 안 좋은 방향으로 작용한다.

어떤 사람들은 만성적으로 화를 내는데, 이는 곧 자신이 경험하는 모든 것들에 대한 비판의 형태로 나타난다. 비판은 사회적으로 금지된 표현방식은 아니다. 그들은 타인에 비해 자신의 취향과 판단이 우월하다고 생각한다. 그래서 모든 것에 대해 냉소하며 빈정거린다. 습관적인 비판은 틀림없이 결혼생활이나 친구관계에 어두운 그림자를 드리우기 십상이다. 만약 자녀들에게 비판의 화살이 향하면, 그들의 자존감에 심각한 상처를 주게 된다. 그리고 매사에 냉담하고 소극적이며 신경질적이고 공격적인 성격으로 몰고 간다. 일부는 이런 냉소적 경향이 지나치게 강해서 그들의 기본적 인격의 색깔이 된다.

다른 사람에게서 이런 성향을 찾아내는 것은 쉽지만 자신의 성향을 스스로 파악하는 것은 쉽지 않다. 하지만 본인의 화와 이를 어떤 방법을 통해 간접적으로 표현하고 있는지를 인식해낼 수 있도록 노력해야 한다. 어떤 변화를 이뤄내기 위해서는 화의 인식이 필수다. 그리고 때때로 단지 관찰하는 것만으로도 현실의 몇몇 순간에서 화를 선택하지 않을 수 있다. 다이어트를 하는 사람들은 음식 일기를 적는다. 단순히 무엇을 먹는지 적는 행위만으로도 몸무게를 줄이는 효과를 본다. 금연을 시도하는 사람들은 담뱃갑에 종이를 한 번 더 포장한 뒤에 담배를 피우고 싶을 때마다 시간과 느낌을 적는다. 이를 통해 흡연 횟수를 줄여 금연에 도전하는 것이다.

그러므로 화를 인정하는 것이 첫 번째 임무다. 스스로 행동에 나서지 않는 한, 당신이 하루에 얼마나 많이 화가 나는지 그 누구도 이를 살펴보지 않는다.

◑ Exercise 5-1

지난 24시간을 돌이켜보자. 화가 난 순간이나 짜증나거나 화가 난 상태로 성급하게 누구에게든지 말한 적이 있는가? 그 감정이 적절했는지 올바른지에 대해 분석하거나 판단하지 말고 무슨 일이 일어났는지 간결하게 적어보자. 이를테면 '휴대폰으로 전화를 하며 운전하는 여자가 자꾸 끼어들며 방해했다', '디저트를 더 먹겠다며 동생과 싸웠다' 등등 생각나는 일들을 모두 적는다.

언제 화가 나는가?

앞서 3장에서 우리는 충족되지 않는 요구가 화의 원인이라는 것을 배웠다. 화가 나려고 할 때 잠깐 멈춰, '여기서 난 무엇을 요구하고 있지?'라고 질문하는 것이 자신의 화를 인식할 수 있는 핵심 방법이었다.

때때로 우리는 화를 억누르면서도 이를 인식하지 못한다. 그렇지만 무언가가 올바르지 않다고 느낀다. 그리고 내가 올바르게 반응하지 않고 있다는 의식을 갖는다. 예를 들어, 남편이나 아내가 전기세를 제때 내지 않아 단전이 되면 가볍게 "뭐 누구든 실수는 하는 거니까"라고 얘기하고 털어버릴 수 있다. 진심으로 그렇게 느꼈다면 훌륭한 일이다. 그러나 대신에, 그 사건을 생각할 때마다 혈압이 상승한다면 화를 인식하지 못하고 이를 다스리는 데 실패했다는 신호다.

잠재의식 속에 흐르는 생각은 아마도 '나는 왜 계속 착한 역할만 해야 하는 거야?', '왜 만날 나만 피해를 보는 거냐구?'일 것이다. 이런 상황에서는 사건을 다시 되짚어보고 충족되지 않은 자신의 요구가 무엇인지를 생각해본다면 화의 원인과 사실을 인식할 수 있다. 그런 후에 화를 다스리는 과정을 시작할 수 있다.

때때로 화가 불편한 느낌과 함께 행동으로 표출되기도 한다. 자신도 모르게 주먹을 꽉 쥐거나 혈압이 상승하고 맥박이 빨라지며 아드레날린이 솟구친다. 이를 꽉 물기도 하고 근육이 긴장되기도 한다. 우리는 이렇듯 화로 인한 신체반응을 무시 하지 말고 신경 써야 한다.

화를 표현하는 가장 기본적이고 대표적인 방법은 다름 아닌 '말'이다. 언어를 이용해 상대방에게 모욕을 주고 공격하는 것은 직접적으로 주먹을 휘두르는 것만큼이나 위험한 도발이 될 수 있다. 화가 난 상태에서 주고받는 직접적이고 외설스런 욕설과 모욕 등 다양한 언어적 공격이 이에 해당한다. "변호사는 다 탐욕스런 돼지들이야", "무슬림들은 모두 테러리스트야"와 같은 전형적인 말들은 단체나 그 일원에게 화를 무의식적으로 표출하는 것이다.

비꼬는 말 역시 화를 담고 있다. "네가 그럴 줄 알고 있었지", "잘했다는 게 고작 그거야?" 비웃음과 조소는 종종 억양으로 표현된다. "와우, 정말 끝내주는 옷인데"라는 말을 할 때 어떻게 억양을 주는지에 따라 칭찬이 되기도 하고 모욕이 되기도 한다.

유머도 화 또는 적대감을 간접적으로 표현하는 방법으로 쓰이곤 한다. 다른 인종 또는 다른 나라 사람에 대한 유머들을 보면 알 수 있다. 또 상대편 성별에 대한 조롱 섞인 유머도 넘쳐난다.

"듣는 여자가 없는 숲속에서 남자가 이야기를 한다면, 그래도 틀린 이야기인가?"

혹은 반대편 성별에게 이런 농담을 한다.

"왜 모세는 일족을 이끌고 40년 동안이나 사막을 헤맸지?"

"남자들이 아내에게 갈 곳을 물어보지도 않았기 때문이지."

침묵이나 대화 단절도 들끓는 잠재된 화를 표현하는 하나의 방법이다. 요즘에 쓰이는 '무플'이라는 것도 좋은 예다.

◖◗ Exercise 5-2

화는 교묘한 방법으로 스스로를 위장한다. 자신이 무슨 의미로 그런 행동을 하는지 깨닫지 못한 채 습관적으로 화를 표현했던 기억이 있는가? 자주 쓰는 표현이 있는가? 몸짓이 있는가?

~~~~~~

~~~~~~

~~~~~~

화의 다양한 모습들

서양에서는 화가 대개 죄로 인식되지만(비록 신도 화를 내긴 하지만), 동양에서는 이를 중독이라 생각하는 경향이 있다. 탐욕, 망상과 더불어 고통을 야기하는 근본적인 세 가지 악毒이라고 생각한다.

부처는 그의 가르침에서, 화는 "황금 볏과 중독된 뿌리"라고 묘사했다. 중독성으로 인해 매력적으로 보이긴 하지만 화는 양날의 칼이다. 상대가 된 사람만 다치는 것이 아니라 휘두르는 사람도 상처를 입는다.

고대의 불교 지도자들은 아래와 같은 모든 성향을 화의 일부로 간주했다. 언제라도 분노로 이어질 수 있기 때문이다. 짜증, 혐오, 못마땅함, 성급함, 세상을 내 편과 네 편으로 나누는 자세, 자신만의 관점과 의견에 대한 집착, 호불호 등이 모두 여기에 포함된다. 티베트에는 "센파shenpa"라는 말이 있다. 우리가 좋아하는 것과 싫어하는 것들을 통해 느끼는 감정 뒤에 숨어 있는 중독성을 이르는 말이다. 당신을 지지하지 않는 사람은 눈엣가시다.

미국인이자 비구니인 페마 초드론Pema Chödrön은 이렇게 말한다. "당신은 평화에 헌신할 수 있다. 또는 화의 환경적 원인들에 집중할 수도 있다. 그런데 이 모두가 각자 다른 의견을 가지고 서로에게 방망이를 휘두르며 평화 행진에 참가하는 모습일 수도 있다. 누가 얼마나 더 옳은지는 문제가 아니다. 우리는 여전히 공격성을 키우고 있을 뿐이다." 우리는 타인을 사람으로 보는 것이 아니라 문제나 적으로 본다. "단지 하나의 의견에 대립하는 또 다른 의견일 뿐이다. 그러나 이는 전쟁과 다른 모든 잔혹한 행위들의 자양분이 된다."

인식한다는 것

우리 앞에는 인생이라는 보물창고가 놓여 있다. 화는 그 보물창고의 문을 가로막고 있는 장애물이다. 우리는 자신의 습관적 행동 패턴을 판단하는 대신 단순히 지켜보는 것만으로도 위대한 인식의 문을 두드릴 수 있고 삶 속에서 화의 총량을 줄일 수 있다. 그리고 결과적으로 자신에게 벌어지는 일들을 냉정하게 인식하고 변화할 수 있다.

앞서 다뤘듯이, 불교의 핵심 가르침은 인식이다. 현재에 집중하고 현재를 사는 것이다. 우리는 대부분 과거에 일어났던 일이나 미래에 일어날 일에 대해 생각한다. 지금 현재 일어나고 있는 일에 대해 주목하지 못한다. 해야 할 일의 목록을 작성하거나 다음 목표를 어떻게 달성할지 계산을 할 때 추상적인 개념들을 주물럭거린다.

운전 중에 길을 잘못 들어섰다는 사실을 도로를 한참 달리다 깨달았던 경험이 누구에게나 있을 것이다. 또는 머리 위에 올려 쓰고 있는 선글라스를 찾으려 이곳저곳을 한참 뒤적거린 적이 있을지도 모르겠다. 이 모두가 우리가 현재의 몸과 마음에 온전히 전념하지 않기 때문이다.

친구 부부와 어느 날 저녁식사를 같이하게 되었다. 그들은 뉴욕을 방문했던 이야기로 우리를 즐겁게 해주었다. 친구 남편은 뉴욕의 비싼 물가를 이야기하면서 고급 레스토랑의 식사값으로 1,400달러를 지불한 적이 있다고 말했다. 내 딸은 입을 떡 벌리더니 말했다.

"세상에나, 그래서 뭘 먹었어요?"

남편은 잠깐 머뭇거리더니 말했다.

"기억이 나지 않아."

분명히 그는 계산서에 청구된 식사대금에 대한 생각에 사로잡혀 음식의 맛을 느끼지도 못했을 것이다.

실험 참가자들에게 운동선수들이 공을 주고받는 내용의 비디오를 시청하면서 특정 선수가 몇 번의 패스를 하는지 숫자를 세게 하는 유명한 실험이 있다. 동영상의 중간쯤에 고릴라 복장을 한 사람이 선수들 사이를 어슬렁거린다. 그러나 놀랄 만큼 상당수 실험 참가자들이 패스 횟수를 세는 데 집중하느라 예상치 못했던 고릴라의 존재를 전혀 인식하지 못했다.

캘리포니아 버클리대학교 심리학 교수 앨리슨 고프닉Alison Gopnik은 갓난아기들의 지능에 대해 이렇게 설명한다. 어른들이 고릴라를 알아보지 못하는 이유는 성장하는 과정에서 목표 지향적이 되고 우리에게 실질적으로 가장 유용한 대상에만 집중하도록 훈련되기 때문이라는 것이다. 반면에 아기들은 예상하지 못했던 사건에 쉽게 사로잡힌다. 아기들은 뭔가를 배울 수 있는 새롭고 익숙하지 않은 것들에게 끌린다. 고프닉은 줄여서 이렇게 말한다. "아기들은 새로운 것들을 탐험하지만, 어른들은 고정관념을 이용한다."

미국 선禪협회의 창시자 중 한 명인 스즈키 순류Suzuki Sunryu는 이를 '본래심original mind'이라고 부른다. 어른들은 성장하면서 이 본래심을 잃는다. 스즈키 순류는 『선심초심Zen Mind, Beginner's Mind』에서 이렇게 말한다.

"우리의 '본래심'은 그 안에 모든 것을 담고 있다. 그 자체로 부족함이 없고 충분하다. 모두 자신의 이 충분한 마음을 잃어서는 안 된다. 마음을 닫으라는 의미가 아니다. 마음을 비우고 준비된 상태로 만들어라. 마음을 비우면 무엇이 다가오든 항상 준비할 수 있다. 모든 것에 대해 열려 있다. 초심자의 마음에는 수많은 가능성이 존재하지만 숙련자의 마음은 그렇지 못하다."

시계 보기

시계를 차고 있는가? 만약 그렇다면 손으로 시계를 가리고 다음 질문에 답해보자.

시계는 어떻게 생겼는가? 프린트되거나 새겨진 문구가 있는가? 숫자가 새겨져 있는가? 아니면 그저 빗금만 그어져 있는가? 숫자가 새겨져 있다면 아라비아숫자인가 로마숫자인가? 옆면에 다이얼이 달려 있는가?

이제 시계를 보라. 얼마나 정확하게 기억하고 있었는가?

이제 다시 시계를 가려라.

지금 시간은 몇 시 몇 분인가?

대부분의 사람들이 시계를 하루에 수십 번씩 들여다보지만 극히 소수만 이 테스트를 통과한다. 시계의 모양새를 잘 묘사하지 못하고, 지금 시간에 주목한 사람도 거의 아무도 없다. 이는 일반적인 인식의 결여에 대한 일상적인 예다.

본래심을 잃고 뇌가 습관화된 반응들과 선입견, 분류, 카테고리들로 가득 차면, 타인과의 상호작용이나 사건들에 자연스럽게 반응하기 어렵다. 지금 자신에게 무슨 일이 일어나고 있는지 인식하지 못한 상태에서 자동적으로 화를 내고 그로 인해 새로운 것을 배우지 못하고 실제 현실에서 신선한 대응을 하지 못하게 된다.

시인이자 샌프란시스코 선(禪)센터의 공동 원장을 지냈던 노만 피셔Norman Fischer는 『당분간 For the Time Being』이라는 에세이에 이렇게 썼다.

"우리 대부분은 살아 있다는 것이 실제 어떤 느낌인지를 모른다. 우리의 문제점들과 욕망 그리고 목표나 성취들에 대해서는 알고 있지만, 정작 본인의 삶에 대해서는 잘 모른다. 우리에게 주어진 이 순간을 살아가는 느낌을 깨우는 일은 죽음이나 출생만큼 큰 사건이다. 존재하는 시간으로서 지금 이 순간은 도착하면서 사라시기 때문이다."

그는 다음과 같이 결론짓는다.

"진정으로 산다는 것은 '순간'을 사는 것을 받아들이는 것이다. 그리고 지금이라는 시간에 몰입하는 것이다. 삶이란 그런 것이다. 정체성을 쌓아간다거나 일련의 사회관계나 성취를 이루는 것이 아니다. 물론 그런 일들도 하겠지만, 근본적이고 주된 삶은 모든 순간의 시간을 마치 처음이자 마지막인 것처럼 껴안는 일이다."

더 높은 인식을 통해 화를 줄이는 과정은 쌍방향 도로와 같다. 화를 줄이면 선순환 과정이 생겨난다. 무슨 일이 일어나는지 판단을 하는 것이 아니라 실제로 일어나고 있는 일을 더 잘 인식할 수 있다. 그리고 더 잘 인식할수록 화는 다시 줄어든다.

화의 원인 중 한 가지는 우리에게 같은 종류의 나쁜 일이 반복해서 발생한다는 것이다. 심지어 세상이 자신을 상대로 무슨 나쁜 일을 꾸미고 있는 것이 아닌가 하는 상상까지 하는 경우도 있다. 사랑하는 사람이 떠나가고, 일자리에서 해고되고, 또 고객들이 떠나간다. 이런 일을 처음 겪을 때는 웃음으로 참아낼 수 있다. 그러나 고통이 한 번 두 번 계속 반복되면 본인 인생에 화가 난다.

착한 사람에게도 나쁜 일은 발생하기 마련이고 때때로 성공은 수많은 실패 뒤에 찾아온다고 하지만 반복해서 실패하는 이유는 아마 똑같은 규칙과 오래된 습관에 따라 행동하기 때문일 것이다. 알베르트 아인슈타인Albert Einstein은 이렇게 말했다. "가장 멍청한 짓은 똑같은 일을 계속 반복하면서 다른 결과를 바라는 것이다."

반면에, 습관적 행동 패턴을 더 잘 이해하면 변화의 가능성이 커진다. 나는 유년시절에 주말마다 집단감수성훈련 모임에 다녔다. 참가자들 중에서 우수한 성적으로 모임을 졸업했다. 그러나 내 기본적 행동 패턴은 바뀌지 않았고 금방 원래 상태로 되돌아왔다. 내가 깨달은 바는, 낯선 사람들 사이에서는 많은 습관적 행동들을 버릴 수 있었지만 다시 실제 생활과 익숙한 스트레스가 있는 환경으로 돌아오면 내 습관들이 다시 힘을 되찾고 똑같은 예전 문제가 발생한다는 것이다.

불교에서 훈련된 자아를 다시 깨워내고 인식 수준이나 이른바 '바른 마음챙김right mindfulness'을 높이기 위해 하는 주된 훈련 하나가 장기간의 명상 또는 좌선이다. 승려인 비구 보디Bikkhu Bodhi는 그 과정을 다음과 같이 설명한다.

"마음을 신중하게 순수한 집중bare attention 상태로 유지해야 한다. 지금 이 순간 내 주변에서 또 내 안에서 무슨 일이 벌어지고 있는지를 약간의 거리를 두고 관찰해야 한다. 바른 마음챙김을 훈련하기 위해서는 눈앞의 상황을 초롱초롱한 눈으로 응시하고, 침착하고 열린 마음으로 참여해야 한다. 모든 판단이나 해석은 금지된다. 그런 생각이 들기 시작하면 즉시 인식하고 버려야 한다."

명상 시작하기

명상을 시도해보고 싶은 사람을 위해 몇 가지 간단한 방법을 소개한다. 우선 쿠션이나 의자에 편안하고 조용하게 앉는다. 몸을 가지런히 해서 등을 곧추세운다. 머리는 한쪽으로 기울이지 말고 몸에 균형을 잡는다. 이런 자세는 움직임 없이 정자세를 유지하는 데 도움이 된다.

코를 통해 들어오는 들숨과 폐를 채운 다음 나가는 날숨에 집중해보자. 자연스럽게 호흡을 하면서 이를 관찰한다. 예를 들면, 들어오는 차가운 공기와 나가는 따뜻한 공기를 느낄 수 있다.

각각의 호흡을 열까지 세라. 그리고 다시 시작해라. 10을 넘어 숫자를 세고 있는 자신을 발견하면 즉시 이를 인지하고 다시 1로 돌아가라. 마음속에 생각들이 떠오르면 마치 푸른 하늘의 솜털구름처럼 여기고 흘려서 보내라.

어떤 계획을 세우거나 문제를 풀려는 생각이 떠오르지 않고 호흡에만 집중할 수 있다면 명상을 경험하고 있는 것이다. 아마도 명상하는 중에 평소에 무시했거나 억눌러온 감정을 느낄 수 있을 것이다. 누군가에게 화가 나 있는지, 무언가 괴로워서 불평하며 짜증내고 온종일 신경 쓰여 했던 이유를 알 수 있을지도 모른다. 일단은 흘러가게 두자. 나중에 자리에 일어났을 때 확인해보자. 바로 이것이 명상이다.

명상의 자리를 떠나서도, 일상 속에서 같은 기본 원칙을 적용할 수 있다. 스즈키 순류는 이렇게 말했다. "기꺼이 온 마음으로 사물을 바라보려 하고, 그저 바라보는 것이 좌선의 실행이다."

'바라보기'는 그 의미에 있어서 물론 단순히 보는 것과는 다른 의미다. 듣기, 냄새 맡기, 만지기 등 우리 온몸의 기능을 이용하여 직접적으로 경험을 파악하는 것이다. 우리가 '생각하는' 세상이 아니라 '있는 그대로'의 세상을 이런 의식 상태를 통해 경험할 수 있다.

캘리포니아 라크스퍼의 라일라 스미스Layla Smith는 마음챙김이 친절함과 따뜻함으로 심장과 연결되어 있다고 한다.

"몸에서 그리고 마음에서 어떤 느낌이 드는가? 우리는 감정을 바꾸려 시도하지 않는다. 마음챙김은 목표가 아니라 그저 현재 눈앞에 있는 것들을 명료하게 파악하는 것이다. 그리고 과실을 얻는다. 다양한 상태를 그저 지켜봄으로써 자연스럽게 무심함과 평정심이 생기고 현재에 당당할 수 있고 감사할 수 있다."

선택할 힘이 있는 인간으로서 우리는 기존의 습관, 믿음, 판단들을 폐기할 수 있다. 자신에게 이런 것들을 강요할 필요가 없다. 화가 났을 때 판단하지 말고 그저 지켜보면 된다. 공격적인 말을 하거나 누군가를 모욕하고, 다시 약속시간에 늦어 사랑하는 이를 불행하게 만들려는 순간 잠시 멈춰 이를 관찰함으로써 우리의 자기 파괴적 행위를 해소하기 위한 첫걸음을 내딛을 수 있다. 위대한 인식의 힘은 삶에서 화의 총량을 줄인다. 결과적으로 우리에게 무슨 일이 일어나고 있는지 냉정하게 파악할 수 있는 힘을 주고 변화의 가능성을 열어준다. 인식 그 자체만으로도 많은 것으로부터 벗어날 수 있다.

6장

아픈
곳

우리의 아픈 곳들은 유년시절을 포함해서

각기 다른 시간과 다른 장소에서

그리고 다양한 환경에서 생겨났지만

언제나 화를 유발하고 본인도 모르는 사이에

거의 치명적인 결과로 이어지기도 한다.

어느 마을에 하쿠인이라는 현인賢人이 살고 있었다. 마을 사람들은 그의 순결한 삶을 칭송하며 음식과 공양을 바쳐 존경을 나타냈다. 어느 날, 마을의 아름다운 소녀가 임신한 사실을 그녀의 양육자가 알게 됐다. 아무리 다그쳐도 소녀는 고집스럽게 아이 아빠가 누군지 밝히지 않았다. 양육자가 계속 추궁하자 소녀는 하쿠인이 아이의 아빠라고 말했다. 양육자가 하쿠인을 찾아가 따져 묻자, 그는 그저 "그런가요?"라고 말했다.

양육자가 말했다.

"당신이 부인하지 않는다면 딸의 말을 믿을 수밖에 없군요."

하쿠인은 대답했다.

"그런가요?"

삽시간에 하쿠인은 명성을 잃고 말았다. 아이가 태어나자 하쿠인에게 맡겨졌다. 아이의 양육을 위해 그는 논에서 힘든 일을 해야 했다. 1년 후에 소녀는 더 이상 참지 못하고 진짜 아빠가 누구인지 고백했다. 양육자는 하쿠인에게 달려와서 용서를 빌며 말했다.

"이제 당신이 애 아빠가 아니라는 사실을 알았습니다."

하쿠인은 대답했다.

"그런가요?"

길가에서 누군가 타이어를 교체하느라 고생하고 있는 모습을 본다. 그래서 물어본다. "도와드릴까요?" 힘들게 끙끙거리던 사람은 돌아서더니 이렇게 쏘아붙인다. "가던 길이나 가쇼!"

무슨 일일까? 도움을 주겠다는 제안이 그 사람의 아픈 곳을 찔렀기 때문이다. 타이어를 교체하고 있는 사람의 내면에서 벌어지고 있는 개인적인 드라마의 한 장면에 들어선 것이다. 어쩌면 그의 아버지가 항상 그를 향해 제대로 할 줄 아는 일이 하나도 없고 제 앞가림도 못한다고 비난했을지도 모른다. 그의 아픈 과거 경험 때문에 도움을 주겠다는 제안이 모욕으로 해석된 것이다.

마음속 아픈 곳

우리는 "아픈 곳을 찌르다"라는 말을 종종 한다. 모두가 아픈 곳을 가지고 있다. 이 표현에는 자동적인 반응이라는 개념이 포함돼 있다. 찌르면 아프고, 아픔에는 정서적 반응이 자동으로 연결된다. 생각하는 과정을 거치지 않는다. 선을 넘지 마라는 자신의 요구가 침해받는 순간 폭발할 준비가 되어 있다. 아픈 곳을 찔리면 마치 로봇처럼 미리 정해진 기계적 반응이 나온다. 컴퓨터 프로그래밍에 익숙한 사람은 '매크로'(일정한 결과를 얻기 위해 여러 개의 명령어를 묶어서 하나의 키 입력 동작으로 만든 것-옮긴이)라고 부를 수도 있다. 우리의 아픈 곳들은 유년시절을 포함해서 각기 다른 시간과 다른 장소에서 그리고 다양한 환경에서 생겨났지만 언제나 화를 유발하고 본인도 모르는 사이에 거의 치명적인 결과로 이어지기도 한다.

툽텐 초드론Thubten Chodron은 『화 Working with Anger』에서 "우리는 각자 '아픈 곳'을 가지고 있다. 민감하게 반응하는 부분이다"라고 말했다.

"아픈 곳이 찔리면 우리는 버럭 화를 낸다. 찌른 사람에게 왜 내 화를 돋우냐고 비난한다. 그러나 자신의 화가 발생하는 과정은 따로 있다. 우리는 아픈 곳을 노출하고 있고 누구나 실수든 고의든 찌를 수 있다. 우리가 아픈 곳을 스스로 치유해서 해결한 다음에는 사람들에게 찔릴 곳 자체가 사라진다."

'아픈 곳을 찌르다'라는 개념에서 찌르는 사람은 예정돼 있다. 나를 잘 아는 누군가, 아니면 민감한 곳을 직감으로 알아낼 정도로 교활한 어떤 이들이 나의 분노나 불안을 끌어낼 행동이나 발언으로 나를 조종하려 할 수도 있다. 그러면 나는 다른 사람의 공격에 허약한 상태가 된다. 내 삶의 행복을 좌지우지할 힘을 타인의 손에 쥐어준 꼴이다.

그런 상황에 대해 나는 아무런 책임이 없다고 생각할지도 모른다. 그러나 내 '아픈 곳'에 대한 책임은 나에게 있다. "우리가 그런 곳을 가지고 있는 한, 누군가는 찌른다"라고 초드론은 말한다. "특히 그곳이 크고 빨갛게 번쩍거린다면…… 비록 사람들에게 해를 끼치고 싶은 마음이 없더라도 상처 자체가 민감하기 때문에 그들의 작은 행위에도 아픔을 느낀다." 뉴욕에 있는 어느 사원의 존 다이도 루리John Daido Loori는 이렇게 썼다.

"자아의 본질을 살펴보면 깨닫는 것들 중 하나가 내가 하는 행위와 내게 일어나는 일은 하나라는 것이다. 주변의 모든 것들과 내가 별개로 존재하는 것이 아니라는 사실을 알면 책임감을 깨닫는다. 내가 경험하는 모든 것에 대해 나에게 책임이 있다. 더 이상 이렇게 말할 수 없다. '그가 나를 화나게 했어.' 도대체 어떻게 그가 당신을 화나게 할 수 있는가? 오직 나만이 나의 화를 결정할 수 있다."

아픈 곳이 없는 삶

비록 어떤 일들에는, 이를테면 거짓말이나 속임수, 배신과 같은 일들에는 당연히 기분이 상할 수 있다. 여기서 이야기하는 화는 부적절하고 비이성적인 반응이다. 이런 반응은 우리의 편견이나 과거 경험, 또는 불교에서 말하는 '애집愛執'에서 기인한다. 우리는 앞서 예를 든 타이어를 교체하는 남자처럼 독립성에 애집하고 있을 수도 있고, 비판받을 때마다 화가 올라온다면 인정받고 싶은 애집을 가지고 있을지도 모른다.

하쿠인 이야기는 아픈 곳이 없는 삶의 모습을 보여준다. 대부분의 우화처럼 메시지를 전달하기 위해 상황을 과장하긴 했지만, 이 이야기의 첫 번째 교훈은 곧 하쿠인은 다른 사람들이 그에게 가지고 있는 존경이나 그에 따른 명성에 애집하지 않았다는 점이다(아픈 곳이 없다). 하쿠인은 다른 사람들이 자신에 대한 평가를 바꿔도 자존감에 영향을 받지 않았다. 그는 자신에게 던져진 인생의 우연을 받아들이고 이를 기꺼이 실험했다. 어쩌면 그는 아빠가 되는 일을 즐겼을지도 모른다.

두 번째 교훈은 나의 정체성에 대한 인식이 확고하게 서 있으면 다른 사람들이 나에 대해 어떻게 생각하는지는 전혀 개의치 않게 된다는 것이다. 하쿠인은 거짓 주장에 대응했을 때와 마찬가지로 양육자로부터 사과를 받을 때도 아무런 감정상의 동요를 보이지 않았다. 대부분이 처음 이 우화를 읽을 때에는 하쿠인이 왜 거짓말에 자기방어를 하지 않는지 의아해한다. 사람들은 거짓 비난에 대해 아무런 대응을 하지 않는다는 것을 이해하지 못한다. 이런 어리둥절한 느낌 뒤에는 자존심과 명예 그리고 이런 감정들에 대한 불안의 일상적 정의가 숨겨져 있다.

우리 삶에서 이러한 불필요한 화의 원인 요소들을 제거하기 위해서는 내 마음속의 아픈 곳을 먼저 깨달아야 한다. 사람들이 전형적으로 아파하는 범위는 대체로 아래와 같은 이슈를 포함한다.

- 명예
- 독립성
- 인정욕구
- 질투
- 자존심
- 존경

매사에 유난히 내 마음을 불편하게 하는 감정을 위에서 찾을 수 있는가? 아픈 곳과 그 뒤에 숨어 있는 요구를 찾아내면 치유할 수 있다. 잠깐 멈춰서 자동적으로 화가 올라오는 삶의 순간을 생각해보자. 이렇게 시작할 수 있다. '~할 때마다 나는 참을 수가 없어'라거나 '~할 때면 나는 정말 짜증이 나.' 몇 가지 가능

한 경우를 살펴보면,

- 나는 비판받는 것이 싫어.(인정욕구)
- 누군가 저 사람이 나보다 더 낫다고 생각하는 것이 싫어.(자존심)
- 나는 누가 내게 명령하거나 지시하는 것이 싫어.(독립성)
- 나는 누군가 내게 대거리를 하거나 논쟁을 하는 것이 싫어.(존경)
- 나는 친구가 나를 믿지 않을 때가 싫어.(명예)
- 여자친구가 다른 녀석들과 친하게 지내면 미친 듯이 화가 나.(질투)

◑ Exercise 6-1

다른 사람에게 책임이 있어서 마땅히 항의할 수 있는 사항과 특별히 민감해서 나의 자동적 반응을 유발하는 '아픈 곳'을 구별하라. 내 마음속 아픈 곳을 최대한 찾아서 적는다.

~~~~~~~~~~~~~~~~~~~~~~~~~~~~~~~~~~~~~~~

~~~~~~~~~~~~~~~~~~~~~~~~~~~~~~~~~~~~~~~

~~~~~~~~~~~~~~~~~~~~~~~~~~~~~~~~~~~~~~~

쓸데없이 아픈 곳

우리가 '아픈 곳'에 붙여준 이름들은 때때로 그 원래 의미를 왜곡한다. 명예욕이나 비난을 피하고 싶은 욕구는 긍정적 가치가 있을 수 있다. 그러나 바람직한 인간의 특성을 설명하는 용도로 쓰여야 하는 '명예'라는 말은 종종 잘못 사용되어 아예 그 순수한 의미를 잃어버리기도 한다. 거의 변함없이 누군가 본인의 명예가 훼손되었다고 판단하면 파괴적인 행동이 뒤따른다. 예를 들면, '명예살인'은 아직도 몇몇 사회에서 자행되고 있는데 이는 정직이나 진실과 같은 명예의 내용이 되는 덕목과는 전혀 상관없이 남성의 우월적, 지배적 힘을 유지하려는 수단으로서 작용할 뿐이다. 이런 사회에서는 강간을 당한 여자가 오히려 마을에서 추방되거나 가족들로부터 본인들의 명예를 훼손했다는 이유로 돌을 맞는다.

이런 반응들이 다른 문화에만 있는 것이 아니다. 미국에서도 누군가의 명예를 방어하는 행위가 살인으로 이어진다. 뉴욕 시의 청소년범죄와 관련된 기사를 보면 한 젊은이가 누군가에게 왜 총을 쐈느냐는 질문을 받는다. 그의 대답은 이렇다. "그놈이 내 여자친구를 모욕했어. 달리 내가 어떻게 하겠어?"

'자존심'이라는 아픈 곳은 타인의 의견에 지나치게 의존적일 때 찔리게 된다. 타인의 의견은 본인의 고유한 가치와는 아무런 상관이 없다. 부처는 순간순간 아니면 매일매일 요동치는 외부세계의 의견을 본인의 가치를 측정하는 도구로 삼는 것은 바보라고 이야기한다. 달라이 라마는 자신에 대해 이렇게 말했다. "하루는 노벨상, 다음 날은 똥덩어리!"

소유욕은 자존심이나 명예욕과 달리 어떤 정의로도 도움이 되지 않는다. 사랑하는 관계에서 질투라는 감정은 상대방을 얼마나 사랑하는가와는 상관이 없다. 그저 본인의 감정이 얼마나 불안한지를 보여주는 척도일 뿐이다. 당연히 이로 인해 화를 낸다는 것은 적절한 일이 못된다.

일반적으로 우리의 아픈 곳들은 과거의 먼 시점에 형성됐다. 그리고 이런 특정한 민감성을 생성한 조건들은 이제 더 이상 유효하지 않다. 과거에 형성된 민감성에 따른 현재의 반응은 더욱 적절하지 않다. 우리는 이제 특정 과거 상황 속의 무력한, 불안했던 상태에 있지 않다. 그리고 현재 우리는 무기력하게 화를 표현하는 것이 아니라 그 원인들에 대해 대처할 효과적인 방법을 알고 있다.

특히 비판이라 여겨지는 말들에 대해 자동적으로 화를 낸다면 유용한 것들을 배울 수 있는 기회를 스스로 차단하는 꼴이 된다. 화는 심지어 정당한 비판에 대해서도 듣는 것 자체를 거부하게 만든다. 나는 가끔 다음 대화와 같은 이야기들에 혀를 내두르며 놀란다.

A: "와우, 이런 바보 같은 짓을 하다니."

B: "확실히 그렇긴 하네."

A: (이제 화가 났다.) "지금 나보고 바보라는 거야?"

아픈 곳들 중 하나를 찔려 화가 날 때 무엇이 원인인지 건설적으로 살펴봐야 한다. 비판은 여러 가지 이유로 환영받지 못한다. 그러나 비판을 받자마자 방어적인 태도를 취하면 정당하고 도움이 되는 비판과 불공정한 비난을 구분할 수가 없다. 비판받을 때 아픈 곳을 찔리는 느낌이 들면 내면에서 자동적으로 올라오는 분노를 진정시키려 노력하자. '나를 비판하는 저 사람은 도대체 누구야?', '저 사람은 자기가 나보다 더 잘 알고 있다고 생각하나 본데', '내가 강하게 대거리하지 않으면 저 남자는 내가 잘못을 인정했다고 생각할 거야' 등등. 이런 반응들은 비판이 잠재된 문제를 해결할 수 있는지 그리고 도움이 되는지를 판단하는 회로를 단절시킨다.

비판에 자동적으로 반응하는 아픈 곳을 치유하지 못하면 새로운 것을 배울 수도, 비판하는 사람과 관계를 개선할 수도 없다. 방패를 휘두르지 말고 귀 기울여 들은 뒤에 말해라. "고맙습니다, 한번 생각해볼게요." 아마 상대방과 관계가 깊어지고 업무효율도 올라갈 것이다. 누군가 혹시 모를 당신의 화를 감수하고 비판을 할 정도라면 아마도 그만큼 당신과의 관계를 소중히 여기고 있기 때문일지도 모른다. 그런 발언 뒤에는 대개 다음번에는 당신이 더 잘할 수 있고 잘할 것이라는 믿음이 깔려 있는 경우가 많다.

이제 자신의 아픈 곳들에 대해 파악했다. 아마도 다음번에 아픈 곳을 찔리면 이를 인식하고 습관적인 반응을 하기 전에 잠시 멈춰 설 수 있을 것이다. 본인이 비판을 받을 때나 모욕을 당할 때 자동적으로 화를 낸다는 사실을 깨달으면 더욱 건설적이고 효과적인 대응을 할 수 있는 길이 열린다.

◖◯ Exercise 6-2

Exercise 6-1에서 작성한 '아픈 곳'을 살펴보자. 각 항목의 아픔을 만들어내는 민감성의 원인이 됐던 환경이나 기억, 경험을 떠올려라. 본인이 아직도 그때의 환경, 기억, 경험 속의 사람인가? 아직도 누군가 건드리면 화를 낼 필요가 있는 상처인가? 도대체 화를 내는 것이 무슨 도움이 되는가? 이제 다시 누군가 예전의 상처를 건드리면 어떻게 반응할 것인가? 감정적인 대응은 아닐 것이다. "그런가요?"가 더 좋지 않겠는가?

~~~~~~~~~~~~~~~~~~~~~~~~~~~~~~~~~~~~~~~

~~~~~~~~~~~~~~~~~~~~~~~~~~~~~~~~~~~~~~~

~~~~~~~~~~~~~~~~~~~~~~~~~~~~~~~~~~~~~~~

~~~~~~~~~~~~~~~~~~~~~~~~~~~~~~~~~~~~~~~

~~~~~~~~~~~~~~~~~~~~~~~~~~~~~~~~~~~~~~~

화와 증오

사람들이 화를 다루는 방법 중 하나는 화의 원인에 차단막을 두르고 접근금지를 선언하는 것이다. 혐오가 굳어지면 증오가 된다. 증오는 굳어진 화다. 우리는 특정 그룹의 사람들을 싫어한다고 선언하고 거리를 두기도 한다. 그 사람들은 우리에게 '접근금지'다. 이런 식으로 특정 사람들을 열등하다고 생각하는 편견이 생겨난다. 비만한 사람, 유대인, 흑인, 동성애자가 그 예다.

증오는 그 영향이 치명적이다. 증오를 품고 다니면 피해가 발생한다. 부처는 이렇게 말했다.

증오는 큰 불행을 낳고,
증오는 흉용淘溶하여 마음을 해친다.
이 무서운 위험은 깊숙이 자리 잡아
모든 사람들이 이해하지 못한다.

우리는 정치판에서 증오와 화가 분출되는 모습을 종종 목격한다. 한편의 증오는 다른 편의 증오에 기름을 붓는다. 정치인들이 이런저런 신념에 열정적으로 헌신하는 이유는 합리적인 근거가 있기 때문이다.

그러나 때로 누군가가 나를 공격한다는 생각은 단순히 독심술讀心術로 외부세계에 자신의 이데올로기를 투영하려는 시도일 수 있다. 열렬한 페미니스트는 남자가 그녀를 위해 문을 열어주거나 엘리베이터 앞에서 뒤로 물러나며 양보를 할 때 무례하다고 느낄 수 있다. 한번은 어떤 여자가 옆으로 비켜서며 노인에게 먼저 타라고 말하는 모습을 본 적이 있다. 그녀가 엘리베이터에서 내리자 노인은 나를 돌아보며 말했다. "사람들이 단지 내가 나이가 많다는 이유만으로 저 여자와 같은 행동을 하는 것이 싫어요."

증오가 만들어내는 편견은 변화를 읽어낼 수 있는 눈을 어둡게 만든다. 내가 아는 어느 여자 변호사가 사업상의 계약 파기 문제로 제소된 고객을 대리하게 됐다. 그가 법원에 소환되어 들어서면서 그녀에게 서류를 건네며 말했다. "소송을 제기당한 것만 해도 기분이 나쁜데 상대편 변호사가 여자네요. 나는 여자 변호사를 싫어하거든요." 내 친구인 여자 변호사는 어색하게 헛기침을 했다. 그러자 그녀의 고객은 당황하며 재빨리 말했다. "당신은 제외하고요."

편견에 빠지면 세상이 제공하는 혜택으로부터 스스로를 차단하게 된다. 독일의 나치는 반유대주의로 인해 독일국민이었던 유대인들의 재능을 이용하지 못했다. 처칠의 측근 보좌관 중 한 명은 함축적이지만 간결하게 표현했다. "우리 독일 과학자들이 그들 독일 과학자보다 더 훌륭해." 마찬가지로 스페인 종교재판은 무슬림을 추방했다. 그들은 당시에 유럽이 가장 진보한 문명을 건설할 수 있도록 과학적이고 문화적인 공헌을 하고 있었다. 우리는 각각의 내면에 굳어진 증오 때문에 삶의 기회를 훨씬 좁은 범위로 좁히고 만다.

불교적 견지에서는 세상으로부터 움츠리면 언제나 삶의 모든 기쁨을 빼앗기게 된다. 티베트불교의 권위자 로버트 서먼은 이를 설명하기 위해 다음과 같은 예시를 보여준다.

"당신은 지하철에 탔다. 다음 역과의 중간지점에 지하철이 갑자기 멈춰 선다. 무슨 연유인지 당신은 기차가 영원히 다시 출발하지 않을 것이고 나머지 인생 전부를 여기에서 보내야 한다는 사실을 알게 된다. 그때쯤에 당신은 깨닫는다. 지하철 안에 동승하고 있는, 술에 취해 구토를 하고 있는 사람을 도와야 하고 불안에 미쳐가는 사람을 위로해야 하며 불량한 복장을 하고 무서워 보이는 청소년과 대화를 시작해야 한다."

화는 때때로 유머로, 심지어는 곧바로 애정으로 용해되는 경우도 있다. 그러나 증오를 품으면 태도 변화는 훨씬 더 어려워진다. 나이 든 유대인들이 자주 하는 말이 있다. "유대인이 아닌 사람들을 모두 표시해라. 그러면 반유대주의자들을 찾은 것이다." 수세기에 걸친 고통 속에서 반유대주의는 공개적으로 인정하지 않는 사람들 속에도 널리 퍼져 있다는 사실을 표현한 말일 것이다. 또한 지금의 우리 사회도 근본적인 변화는 아직 일어나지 않았다는 표현이기도 하다. 이렇게 편견은 상호적이고 깊이 있는 대화와 관계 개선을 막는다.

다른 사람의 아픈 곳 찌르기

　자신의 아픈 곳을 인식하면 다른 사람들에게도 비이성적인 행위를 유발하는 민감한 곳이 있다는 사실을 알게 된다. 때로 우리는 전혀 악의 없는 말을 했다고 생각하지만 누군가를 화나게 할 수 있다. 그러면 우리는 이렇게 말한다. "이런, 내가 또 신경을 건드렸나 보네." 어떤 상황에서는 약간의 의도를 가지고 말하기도 한다. 공격적으로 들릴 수 있다는 사실을 알면서도 자신의 불편함을 표현하기 위해 그냥 말을 한다. 의도적으로 상대방을 자극하기 위해 아픈 곳을 찌르기도 한다.

　타인의 아픈 곳을 파악해 이를 자극하는 말을 자제한다면 인정 있는 사람이 될 수 있다. 나아가 본인의 민감한 곳을 치유하여 세상에 돌고 도는 화의 총량을 줄일 수 있다.

7장

조금 친절해도
괜찮아

어떤 사람들은 받는 것보다 주는 것이 더 편하다.

그러나 마음을 다해 허락하고,

감사하게 받아들이는 것 역시 베푸는 것이다.

상대방의 선의를 인식하고 받아들임으로써

본인과의 관계로 들어오는 것을 허락하는 것이다.

부처는 이렇게 말했다.

"자비, 친절한 말, 타인을 위한 선량한 대답, 그리고 모든 사람을 이런 마음으로 대하기, 바퀴가 축을 중심으로 돌 듯이 세상은 연민을 중심으로 돈다."

또 아시시의 성 프란체스코는 이렇게 말했다. "주는 것들 속에 우리가 받는 것이 있기에."

우리가 서로에게 상냥하고 자유롭게 대하면 각자의 삶뿐 아니라 우리를 둘러싼 세계가 행복해진다. 자비와 예의는 사회적 마찰을 줄여주는 윤활유와 같다. 사람들이 도로에서 운전하면서 서로 양보하고 매너를 지키면 교통흐름만 좋아지는 것이 아니라 작은 호의를 받은 상대방 운전자들의 삶이 편안하고 행복해지며 또 그들이 그날 마주치는 사람들에게도 친절이 전해진다.

뒤처지거나 이용당하지 않을까 하는 두려움을 떨치고 소소한 삶 속에서 친절함을 주고받으면 화를 내려놓고 평온하게 살 수 있다. 누군가의 호의에 감사의 말을 전한다거나 옆 차가 앞으로 끼어들 수 있게 양보해주는 일, 내 고마운 마음을 알 거라고 짐작만 하지 말고 직접 감사나 애정의 말을 전하는 일 등은 비록 매우 사소해 보이지만 호의가 퍼져 나가는 효과가 있다. 그것은 마치 무례하고 부적절한 행동이 화를 퍼트리는 것과 같다.

불행히도 많은 사람들이 자신의 처지를, 공을 들고 운동장을 가로질러 외로이 뛰어가는 쿼터백이라 생각한다. 운동장에는 사력을 다해 태클을 걸어 자신을 넘어뜨리려는 상대팀 선수들로 가득 차 있다. 때때로 우리는 자신을 보호하고 도와야 할 같은 팀 선수들도 최선을 다하지 않고 있다고 의심한다. 우리가 자신의 삶과 만나는 사람들에 대해 가지고 있는 많은 다른 선입견들처럼 이런 생각 또한 사실이 아니다. 그러나 이런 생각은 자신이 당연히 받아야 할 지지와 존경을 받지 못하고 있다는 느낌을 갖게 해서 모호하고 만성적인 화를 불러일으킬 수 있다.

세상은 생각보다 아름답다

오랜 습관들은 세상이 우리에게 적대적이라고 해석하게 만든다. 예전에 내가 하이킹을 갔을 때의 일이다. 조금 먼 곳에 아름다운 협곡이 보였고, 그곳을 가려면 작은 문을 통과해야 했다.

문 앞에는 작은 푯말이 세워져 있었는데, 너무 멀어서 내용을 읽을 수 없었다. 그래서 나는 한번 둘러보고 싶었지만 '출입금지'라고 쓰여 있을 것이라 지레짐작하고 그냥 지나갔다. 나중에 돌아오면서 푯말을 확인할 수 있었는데 거기에는 '들어오신 후 문을 닫아주세요'라고 쓰여 있었다.

이와 마찬가지로 인식의 결여는 이 세상의 모든 것들을 장애물로 생각하게 만든다. 정원에 놓여 있는 호스를 위험할 뿐만 아니라 독을 품고 있는 뱀으로 생각하기 쉽다. 과거의 기억은 새로운 환경에 대해 부적절한 행동을 하게 만든다. 길가의 누군가를 도와주려 차를 멈추고 다가갔는데 무례하게 거절을 당했다면 이제 다시는 누군가를 도우려는 시도를 하지 말아야 하는가? '기억은행'의 개입 없이 세상을 직접적으로 만난다면 예상보다 훨씬 친절하고 사랑스러운 세상을 만날 확률이 훨씬 더 크다.

우리 모두가 서로 독립적인 별개의 존재라고 생각하는 환상이 타인을 도우려는 마음을 닫게 만드는 원인 중 하나다. 존 타란트John Tarrant는 『어둠 속의 빛The Light Inside the Dark』에서 샌프란시스코 만에서 요트를 타다가 갑작스럽게 극심한 통증으로 꼼짝할 수 없었던 친구의 경험에 대해 이야기한다. 근처에서 요트를 타고 있던 친구들, 그를 구조한 해안경비대, 앰뷸런스 기사, 그리고 그의 목숨을 구해낸 의사까지 도움의 손길이 이어졌다. 친구는 이렇게 말한다.

"나는 항상 나 자신만을 의지하며 살았어요. 물론 누군가가 도움이 필요해서 내게 요청하면 기꺼이 돕기도 했지만, 적어도 내 일에서만큼은 다른 사람의 도움을 바라지 않았죠. 그렇게 살아도 별 문제는 없었구요. 그런데 요트에서는 나 자신에게만 의존할 수 없었습니다. 거의 죽을 뻔했거든요. 그때 어둠 속에서 손들이 나타나 나를 잡으려고 뻗쳐왔죠. 살아오면서 아프거나 병든 적이 몇 차례 있지만, 그때 겪은 일은 정말 놀라운 순간이었습니다. 세상을 보는 방식을 크게 바꿔놓았죠."

언어가 통하지 않는 나라를 여행하다보면 누구나 비슷한 경험을 한다. 의사소통을 할 수 있는 도구를 빼앗긴 상태에서 누군가에게 의지할 수밖에 없다. 그리고 세상은 도움의 손길을 내민다.

어느 캐나다인 부부가 이집트에서 사막 횡단 여행을 하다가 차바퀴가 모래에 파묻혀 움쩍달싹 못하게 되었다. 어찌할 바를 몰라 공포에 빠지려는 순간 갑자기 어디선가 한 무리의 마을사람들이 음식이 든 쟁반을 들고 나타났다. 그리고 힘을 합쳐 차를 모래수렁에서 빠져나올 수 있게 도왔다. 이집트는 특히 인심이 좋은 나라다. 그러나 이와 비슷한 이야기는 세계의 다른 나라들에서도 쉽게 찾아볼 수 있다.

샌프란시스코에서 선센터를 운영하는 렙 앤더슨Reb Anderson은 『올곧은 존재Being Upright』에서 이렇게 말한다. "인간의 근본적인 망상은 전체 우주와 자신이 별개로, 독립적으로 존재한다는 믿음이다." 또 이렇게 말한다. "전체 우주가 있고 거기에 더해져 있는 별개의 존재가 있는데 그게 바로 자신이라고 생각한다."

불교의 핵심 교리에 따르면 우주 안의 모든 것은 서로 깊이 연결되어 있고 상호간에 서로를 창조한다. 그러므로 그 무엇도 단절되고 독립적인 존재는 없다. 부처는 이를 '연기Pratitya-samutpada'라고 부른다. '의존적 공동 발생' 또는 '상호의존적 발생' 등 여러 가지 의미로 해석할 수 있다. 우주 안의 그 어떤 것도 독립적으로 생겨나거나 존재하지 않는다. 모든 것은 믿을 수 없이 복잡한 인과因果에 의해 서로 연결되어 있다.

개인적인 성공을 위해 노력하는 과정에서도 많은 사람들의 도움을 받지만 우리는 종종 이 사실을 잊는다. 성공의 길을 같이했던 격려의 말과 아이디어, 제안들이 있었지만 금세 누구 덕분인지는 잊고 오롯이 자신의 노력이었다고 생각한다. 아카

데미 시상식에서 수상자는 끊임없는 감사의 말로 영화 제작을 위해 여러 사람의 노력이 있었음을 상기시킨다. 영화의 엔딩 크레딧에 나오는 것처럼 분명하지는 않겠지만 그런 여러 사람의 노력이 우리 삶 속에도 존재한다. 세상으로부터 성공을 이뤄내기 위해서는 오로지 개인 본인의 의지와 천재성이 가진 순전한 힘만으로 되지는 않는다. 많은 사람들의 노력과 힘들이 합쳐지고 협조가 이뤄져야 가능하다.

혼돈이론Chaos Theory에는 나비효과Butterfly Effect라는 과학적 개념이 나온다. 시작할 때는 아주 작은 움직임이 멀리까지 퍼져 나가는 물결효과가 있다는 이론이다. 베이징에서 나비가 날갯짓을 하면 뉴욕에서는 날씨가 변할 수 있다는 것이다. 이는 부처가 말한 상호의존성의 의미와 일맥상통한다. 그러나 부처는 나비효과를 끝없이 곱해서 물리적 행위만이 아니라 인간 상호작용까지 영향을 미친다고 본다.

인타라망Indra's net(因陀羅網)은 불교에서 이 세상의 모든 존재가 무한히 반복해 상호 관계하면서도 서로 장애가 되는 일이 없음을 비유하기 위해 쓰는 말이다. 인타라망은 하늘을 주재하고 천둥과 번개를 부리는 신神 인타라가 사는 궁전을 장식하는 보석 그물로, 각 그물코마다 보주寶珠가 붙어서 다시 다른 모든 보주의 그림자가 비치고, 그 하나하나의 그림자 속에 다른 모든 보주의 그림자가 비친다.

왜 나만 도와줘야 해?

자신의 요구가 충족되지 않으면 화가 나는 것처럼 타인의 요구를 우리가 충족시켜주지 않을 때도 그 사람에게 화가 나고 그로 인해 적대감의 사이클이 시작된다. 합리적이지 못한 요구를 거부하는 것은 당연하고 이해할 수 있다. 예를 들어, 누군가가 비윤리적 방법을 통해 도와달라고 요청하면 거절하는 것이 당연할 뿐만 아니라 의무적이다. 그런데 비록 요구가 합리적이고 이를 들어줄 능력이 우리에게 있다고 하더라도 거절하는 경우도 있다. 본인이 도움을 주는 경우보다는 받는 경우가 별로 없어 수지가 안 맞는다고 생각할 수 있다. "나는 항상 그 사람을 도와주는데, 그는 나를 위해 하는 일이 아무것도 없어." 혹은 이렇게 말할 수도 있다. "아무도 내 도움에 감사하는 모습을 못 봤어." 이처럼 주고받은 선행의 양을 따지는 자세는 결국 억울한 마음을 만들고 낮은 강도의 화를 만성적으로 품게 한다.

어떤 사람들은 무슨 요구나 제안을 받든 습관적으로 거부한다. 별로 도와주고 싶은 마음이 없는데 계속 요구를 받기 때문이다. '예'라고 대답하면 "조금만 잘해주면 이용해먹으려고 한다"는 말처럼 될까봐 걱정하는 것이다.

또 어떤 사람들은 '예'라는 대답이 걷잡을 수 없는 상황으로 이어질까봐 두려워한다. 뉴욕 시 복지센터에서 정년퇴직을 한 여자에게 《뉴욕타임스》가 공직에 있던 30년 동안 배운 것이 무엇이냐고 물었다. 그녀는 모든 요구에 '아니요'라고 말하는 법을 배웠다고 대답했다. 일단 '아니요'라고 대답해놓으면 나중에 언제든지 바꿀 수 있지만 그 반대는 무척 어렵기 때문이라고 설명했다. 비록 공공업무에서는 이런 전략이 가치가 있을지 모르겠지만 일상생활에서 매사에 이런 자세라면 친밀한 관계가 위축되고 의지하는 친구나 이웃, 동료로부터 소외되기 쉽다.

또, 우리의 노력이 어떻게 받아들여질지를 모르기 때문에 다른 사람을 돕기를 주저하는 경우도 있을 수 있다. 도리스는 지역 박물관에서 도슨트docent(박물관이나 미술관 등에서 관람객들에게 전시물을 설명하는 안내인-옮긴이)로 일한다. 그런데 그녀는 불행히도 불치의 암에 걸려 1년을 넘기지 못할 것이라는 진단을 받았다. 친구들은 그녀를 위해 무언가를 하기를 원했다. 그러나 친구들 가운데에는 돕는 방법에 대해 이야기를 나눌 때마다 '좋아요, 하지만~'이라는 반론이 생겨났다.

"우리 모두 병문안을 가볼까요?"
"좋아요, 하지만 도리스가 혼자 있고 싶어 할지도 몰라요."

"음식을 해갈 수 있어요."
"좋아요, 하지만 도리스가 혼자서 음식도 못해 먹는다고 생각해서 음식을 가져왔다고 생각하면 어쩌죠?"

"선물 바구니를 보낼까요?"
"좋아요, 하지만 도리스에게 정말 필요한 것은 다른 것일지도 몰라요."

이런 진퇴양난의 말들이 도리스의 귀에 들어가자 그녀는 사람들이 그녀를 위해 해줄 수 있는 일들의 목록을 만들었다. 그리고 이를 몇몇 도슨트 친구들에게 보냈다.

목록은 친구들 사이를 오갔고 각자 한 개 또는 그 이상의 항목에 기쁘게 사인을 했다. 도리스는 친구들이 그녀를 위해 무엇을 해야 할지 몰라 느꼈던 애매한 죄책감과 좌절감을 걷어냈다. 친구들 모두 도리스가 자신들에게 선물을 주었다고 느꼈다. 실제로도 그렇다. 그녀는 친구들이 알 수 없는 것들을 알려줬고, 그것들은 그녀가 실제로 필요하고 원하는 것들이었다.

다른 사람들의 요구에 우리가 기꺼이 응하지 못하는 또 다른 이유는 도움을 주다가는 이용만 당할 수도 있다는 생각 때문이다. 우리의 선행은 아무도 모른 채 잊히고 감사를 받지 못할 것이라 생각한다. 이런 속담도 있지 않은가. "물에 빠진 사람 구해주니 보따리 내놓으라 한다." 그러나 준 대로 되받는 법이다. 본인이 쏘아 보낸 그대로 부메랑이 되어 다시 돌아온다.

산티데바 Shantideva는 "주변에 인정이 많은 사람치고 행복하지 않은 경우를 본 적이 있는가?"라고 묻는다. 선의善意를 지니지 않고는 인정 많은 사람이 될 수 없다. 인정을 베푸는 사람뿐만 이 아니라 받아들일 줄 아는 사람도 마찬가지다. 인정 많은 사 람은 결국 이용당하기만 할 것이라는 생각은 현실에서 그저 망 상일 뿐이다. "품성이 좋은 사람들에게 세상 또한 품성 좋게 다 가선다"라고 윌리엄 새커리William M. Thackeray(19세기 영국문학을 대표하 는 소설가—옮긴이)는 말한다. 충만한 마음을 가진 사람들이 결핍된 마음을 가진 사람들보다 여러 가지 측면에서 풍요롭게 살아간 다. 우리는 이를 실험을 통해 확인할 수 있다.

에콘콤Econcom이라는 워크숍 게임이 있다. 그룹을 여러 팀으로 나눈 뒤 각 팀에 다양한 물건을 나누어 준다. 게임의 목표는 물 건을 사고파는 행위를 통해 누가 가장 많은 부富를 획득하는가 이다. 에콘콤 게임은 참가자들이 협력을 잘할수록 결과적으로 가장 많은 부를 쌓아 승리한다는 점을 깨달을 수 있도록 디자 인되어 있다. 많은 실험들이 동일한 현상을 이야기한다. 일관 된 협력이 가장 좋은 결과를 만들어낸다.

인정은 부의 과시가 아니라 친절이 밑바탕에 놓여 있는 행위 다. 사회정의에 참여하지 않은 죄책감에 면죄부를 주려고 가끔 거지에게 동전을 적선하는 행위가 아니다. 세상에 존재하는 불 평등이 일부 사람들이 운이 없거나 노력을 안 해서이기 때문만 은 아니다. 필연적으로 우리가 속해 있는 경제 구조나 제도와 연관이 있다. 갑자기 일하는 직종이 사라지거나 회사가 해외로 옮겨가면서 직장을 잃고 가난해지는 당사자가 바로 당신이 될 수도 있다. 달라이 라마의 말을 빌리면, "하루는 사장이었다가 다음 날은 똥덩어리"가 된다.

◗ Exercise 7-1

최근에 아주 사소한 친절이더라도 받은 경험을 하나 이상 적어 보자. 친절을 베푼 사람에게 보답을 했거나 감사의 말을 전했 는가? 친절을 먼저 베풀었을 때와 친절을 받은 후 감사를 전했 을 때의 느낌이 다른가?

~~~~~~~~~~~~~~~~~~~~~~~~~~~~~~~~~~~~~

~~~~~~~~~~~~~~~~~~~~~~~~~~~~~~~~~~~~~

~~~~~~~~~~~~~~~~~~~~~~~~~~~~~~~~~~~~~

친절은 주고받는 것

친절을 베풀 때와 받을 때의 느낌이 어떻게 다른지 잘 살펴보 면 다른 사람과 더 깊은 연대감을 느낄 수 있다. 즐거움과 행복 의 작은 순간들을 쌓아나가면 화로 연결되는 불안과 짜증을 견 뎌낼 힘이 생겨난다.

페마 초드론은 이렇게 말했다.

"모든 즐거운 일에 항상 주목하라. 사소한 일, 작은 일들. 추울 때 코트를 입으면 따뜻함이 느껴진다. 하루를 살면서 빠르게 지나가는 수많은 행복의 시간을 느껴라. 그러면 작은 일에도 감사할 수 있고 감동받게 된다."

하루를 살면서 작은 친절을 베풀 수 있는 순간을 놓치지 마라. 뒤따라 들어오는 사람을 위해 잠깐 문을 잡아주자. 염두에 뒀던 영화가 있더라도 동료가 다른 영화를 보자고 할 때 "그래"라고 말해주자. 업무 프로젝트를 달성하는 데 도움을 준 동료나 부하직원에게 신뢰의 말을 건네라. 업무상 중요한 상대방과의 식사자리를 부러워하는 동료직원에게 같이 가자고 말해라.

그리고 자신에게 속삭여라.

'나는 방금 친절을 베풀었어.'

어떤 느낌인지 인식해라. 돌아오는 감사의 표현보다 더 중요한 것은 본인 내부에 쌓이는 온정과 관대함이다.

마찬가지로 다른 누군가가 우리를 위해 선의를 보이거나 수고를 마다하지 않는 순간을 잘 인식해라. 남편이 당신이 좋아하는 음식을 준비하기 위해 특별히 노력하고 있다. 아내가 당신이 여유로운 주말 오후를 보낼 수 있도록 당신 대신 차를 끌고 정비소를 간다. 최근 당신이 힘든 일을 겪은 것을 아는 친구가 안부전화를 걸어온다. 누군가 당신의 선택을 존중하기 위해 양보한다.

고맙다는 말을 할 수 있는 기회가 올지 안 올지 모르겠지만

항상 자신에게 속삭여라. '나는 방금 선물을 받았어.'

베푸는 자가 감사해야 된다

세이세츠는 일본 엔가쿠라는 절의 주지스님이었다. 그는 가르치는 제자의 수가 많아져 더 넓은 공간이 필요하게 되었다. 지역의 부유한 상인인 우메즈 세이베이가 '료'라고 불리는 500개의 황금을 학교를 증축하는 데 기부하기로 결심했다. 그는 돈을 스님에게 가져갔다.

"좋아요, 받겠습니다"라고 세이세츠는 말했다.

우메즈는 황금자루를 건넸다. 그러나 세이세츠의 태도가 영 탐탁스럽지 않았다. 세 개의 료만 있어도 한 사람이 1년을 살기에 충분한 금액이었다. 그런데 상인은 500개의 료를 기부하고도 감사의 말을 듣지 못했다.

우메즈는 힌트를 줬다.

"자루 안에는 500개의 료가 들어 있습니다."

그러자 세이세츠가 대답했다.

"이미 말씀하셔서 알고 있습니다."

"제가 제법 부자라고는 하지만 500료는 제게도 큰돈입니다."

우메즈가 말하사 세이세츠가 붙었다.

"제가 감사의 말을 하기를 원하십니까?"

"당연하지요."

우메즈가 대답했다.

"제가 왜 그래야지요?"

세이세츠는 의아스럽게 되물으며 말을 이었다.

"베푸는 자가 감사해야죠."

선禪에 관한 다른 우화들과 마찬가지로 이 이야기도 처음에는 이해하기 어렵다. 그러나 모든 사물의 상호연관성이라는 관점에서 보면 이해가 쉬워진다. 오쇼 라즈니쉬Osho Rajneesh는 『깨달음으로 가는 일곱 단계Vedanta: Seven Steps to Samadhi』에서 이렇게 말했다.

"사원에는 아직까지 전해 내려옵니다. …… 베푸는 자가 감사해야 한다. 그래야 나눔이 된다. …… 누군가가 당신의 호의를 받아들이면서 당신을 받아들이는 것이다. 그는 거절할 수 있다. 반드시 받아야 할 필요는 없다. 베푸는 자는 감사해야 한다. 그러면 나눔이 된다. 그렇지 않으면 흥정이 된다. 베푸는 것보다 더 소중한 무언가를 기대하고 있는 것이다. 사람이 깨어나면 나눌 수 있다. 그리고 나눔을 위해서 수고를 아끼지 않을 것이다."

'모유 은행을 위해 수유하는 엄마들Milking Mamas Breast Milk Bank'의 워싱턴 지부 회원인 로라 케이드는 이 우화에 최고의 찬사를 보낸다. 그녀는 아기를 낳은 직후 모유 기부에 관한 기사를 읽었다. "이 마법 같은 물질을 배고픈 아기들에게 기부한다는 아이디어가 심금을 울렸어요. 하지만 당시에 저는 도울 수가 없었어요."

이후에 기부가 가능해졌을 때 그녀는 말했다, "내 모유를 먹은 아기들을 향한 따뜻함과 연민의 감정이 모두 내게 힘이 되어 돌아왔어요. ······ 오래전에 읽었던 '베푸는 자가 감사해야 된다'라는 우화가 떠올랐어요. 모유를 기부할 수 있는 특권에서 느끼는 이런 완전한 행복은 예전에는 느껴보지 못했던 선물이거든요."

많은 사람들이 요청을 하기보다는 들어주는 것을 더 편하게 생각하듯이 어떤 사람들은 받는 것보다 주는 것이 더 편하다. 그러나 마음을 다해 허락하고, 감사하게 받아들이는 것 역시 베푸는 것이다. 상대방의 선의를 인식하고 받아들임으로써 본 인과의 관계로 들어오는 것을 허락하는 것이다. 그리고 우리 모두에게 존재하는 인간성과 상호의존성을 나눈다. 스즈키 순류는 『선심초심』에 이렇게 썼다. "모든 것은 원래 하나, 큰 '나'다. 베푸는 것과 받아들이는 것을 구별하는 것은 불가능하다." 13세기에 조동종曹洞宗을 일본에 전래한 도겐은 이렇게 말했다. "베푸는 자나 받아들이는 자가 되면서 우리는 세상의 모든 존재와 밀접한 관계를 이룬다."

우리는 자신의 행위가 가져오는 복잡하고도 궁극적인 모든 결과를 알 수 없다. 그러나 호수에 던져진 돌이 머나먼 곳까지 물결을 일으키듯이, 그리고 나비의 날갯짓이 대기 속으로 바람을 불러오듯이, 다른 존재와의 상호작용은 우주에 반향을 일으킨다.

8장

행복에 관한
미신

행복을 가져올 것이라 믿는 것들에 대한

환상을 부수고 나면 그런 것들을 얻지 못해 생겨나는

좌절감이나 불만족이 사라져 화가 줄어든다.

현재 본인에게 벌어지는 일이 어떤 결과를 가져올지

알 수 없다는 점을 이해하면

무엇이 좋고 나쁜가에 대한 선입견 없이

현재를 살아갈 수 있다.

어느 지주地主가 몹시 괴로워하며 스님을 찾아왔다. 그의 하인 중 한 명이 마구간 문을 열어 놓아 가장 사랑하는 종마種馬가 도망치고 말았다는 것이다.

"이런 재앙이!"

남자는 울부짖었다. 스님은 오직 이렇게만 대답했다.

"글쎄요."

지주는 스님의 태도에 넌더리를 내며 떠나갔다.

며칠 후, 도망갔던 종마는 세 마리의 야생 암말을 데리고 돌아왔다. 지주는 스님을 다시 찾아와 말했다.

"재앙이 아니었네요. 행운이었어요."

스님은 다시 대답했다.

"글쎄요."

지주는 스님의 지혜를 의심하며 떠났다.

지주의 아들이 암말들을 길들이려 나섰다가 땅으로 떨어져 다리가 부러졌다. 지주는 스님을 찾아와 아들이 다친 일에 대해 이야기했다. 그리고 스님이 말한 것처럼 확실히 행운은 아니었다고 말했다. 그러자 스님은 다시 말했다.

"글쎄요."

나라에 전쟁이 벌어져 왕의 군대가 젊은 남자들을 징집하러 마을에 나타났다. 그러나 지주의 아들은 다리가 부러져 마을에 남겨졌다. 아들은 말했다.

"아버지, 다리가 부러진 것이 오히려 행운이었네요."

그러자 아버지가 대답했다.

"글쎄다."

화의 원인이 행복의 이유가 되다

존 타란트(태평양 선 연구소Pacific Zen Institute의 창립자-옮긴이)는 불교를 "행복의 기술"이라고 말한다. 불교의 가르침을 따르면 내면에 이미 형성돼 있는 관념을 통해서가 아니라 사물을 현재 있는 그대로 볼 수 있게 되어 고통으로부터 해방될 수 있다는 것이다. 내가 8장 제목으로 정한 "행복에 관한 미신"은 각자의 내면에 형성돼 있는 왜곡된 관념을 일컫는 말이다. 이는 명예, 돈, 권력 같은 것들이 우리를 행복하게 해주고 일시적인 쾌락에 행복이 존재할 수 있다고 믿게 만든다.

우리는 행복하기 위해 무엇이 필요하고 또 자신의 이익에 가장 부합하는지 알고 있다고 믿지만, 인생이 꼭 그렇지만은 않다. 목표나 기대가 어그러지면 우리는 절망하고 화를 낸다. 나의 불교 스승이자 가톨릭 신부인 패트릭 호크에게 화는 왜 사라지지 않느냐고 물었다. 그는 스님이 화두를 던지듯이 대답했다. 처음에는 무슨 암호처럼 느껴졌지만 마음속에 불꽃놀이가 슬로모션으로 터지는 것처럼 깨달음이 찾아왔다.

그는 끊임없이 화가 생기는 이유 중 하나는 자신의 삶이 의미가 있어야 한다는 생각 때문이라고 답했다. 표면적으로는 의미 있는 삶을 추구하는 것은 모범적이고 당연하게 들린다. 그러나 그의 설명에 따르면, 의미가 '자신이 선택하는 것'에서 발생한다는 믿음은 문제를 일으킨다. "인간의 뇌는 타고난 의미부여 기계"이며 "우리는 의미를 부여하는 식으로 세상을 이해하지만 그 과정을 통해 세상의 많은 부분을 놓치게 된다. 불교에 따르면 세상만물에 고유한 의미는 없다. 만물은 그저 존재한다. 그저 각자의 모습으로 존재한다"라고 그는 말한다.

우리는 특정 목직을 선택하거나 특별한 의미를 부여하는 행위로 자신에게 열려 있는 많은 선택 가능성을 멋대로 차단한다. 그런 후에 우주가 나의 의지에 굴복하지 않거나 우리가 선택한 의미나 목표에 부합하지 않으면 실망하고 끊임없이 화를 내는 것이다.

위의 우화를 통해 더 단순하고 확실하게 이해할 수 있다. 우리의 일시적인 욕망을 좌절시켜 화가 나게 했던 사건들이 하루 단위로 심지어는 분 단위로 최고의 행운으로 변하기도 한다. 똑같은 식으로, 원했던 일을 성취했다고 생각했지만 결국 불행으로 끝나고 마는 의도하지 않은 결말을 보기도 한다. 우화가 보여주듯이 우주의 법칙은 변한다.

불교에는 '초연超然'이라는 수행 목표가 있다. 삶 속에서 벌어지는 모든 일들에 대해 집착하지 않고 객관적으로 바라보는 것을 말한다. 이는 때때로 "욕망이 없으면 혐오도 없다" 또는 "'글쎄요'의 마음상태"라는 의미로 함축된다. 인간 삶의 특징인 지속적인 상실과 변화 속에서 고통받지 않기 위한 해독제로 창안됐다.

내가 아는 한 여자는 스물네 살에 첫사랑에 빠졌다. 그녀는 사랑의 상대로 양육자 같은 역할을 해줄 남자를 찾았다. 좋은 아빠의 본보기를 보여주고 그녀를 위해 많은 결정들을 내려줄 수 있는 남자를 찾았다고 생각했다. 그와 결혼하는 것은 본인 인생에서 최고의 일이 될 것이라고 확신했다. 그러나 남자는 그녀를 떠나 다른 여자에게 가버렸다.

그녀는 오랫동안 절망에 빠져 그와 결혼했다면 구름 속 같은 행복을 누렸을 것이라는 생각을 떨치지 못했다. 몇 년이 지나고 나서 그녀는 그 남자와 우연히 마주쳤다. 그 남자에게는 그녀를 처음에 반하게 했던 품성이 사라져버린 뒤였다. 그는 외도를 해서 아내에게 이혼을 당했을 뿐만 아니라 본인의 두 아들을 "어린 멍텅구리들"이라고 불러대기까지 했다. 그녀는 그가 그녀를 떠나 다른 여자에게 간 것이 정말 다행이라는 생각이 들었다.

◖◗ Exercise 8-1

· 최악의 재앙이라고 생각해서 무슨 짓을 해서라도 피하려고 했던 일이 나중에 보니 최선의 선택이었던 경험을 삶에서 겪은 적이 있는지 생각해보자.

~~~~~~~~~~~~~~~~~~~~~~~~~~~~~~~~~~~~~

~~~~~~~~~~~~~~~~~~~~~~~~~~~~~~~~~~~~~

~~~~~~~~~~~~~~~~~~~~~~~~~~~~~~~~~~~~~

· 반대의 경우를 겪은 일이 있는가? 무척 기대했던 일인데 결과적으로 불행한 일이 된 적이 있는지 생각해보자.

~~~~~~~~~~~~~~~~~~~~~~~~~~~~~~~~~~~~~

~~~~~~~~~~~~~~~~~~~~~~~~~~~~~~~~~~~~~

~~~~~~~~~~~~~~~~~~~~~~~~~~~~~~~~~~~~~

행복을 줄 거라고 믿는 것들

　행복을 위해서는 무엇이 필요한지를 알고 있다는 생각이 '행복에 관한 미신'을 만들어낸다. 현재의 나 자신에게 만족하지 못하게 하고 바로 옆에 있는 기쁨들을 무시하게 만든다. 진정한 충만감을 얻기 위해서는 양육자나 광고업계, 또는 미신을 만들어내는 어떤 힘들에 의해 형성된 내면의 엉터리 관념들을 찬찬히 살펴볼 필요가 있다. 이런 관념들은 악의적이지는 않지만 그렇다고 긍정적으로는 볼 수 없는 계기로 형성되었을 것이다. 어렸을 때 넘어지면 엄마는 과자를 주며 이렇게 말한다. "이걸 먹으렴, 그럼 기분이 나아질걸." 그때의 경험이 내면에 남아 있는 만큼 행복에 관한 미신의 일부가 형성된다. 그리고 비만으로 이어질 수 있고 감정적 혹은 육체적 병이 생길 수도 있다.

　광고업계는 미신을 만들어내기 위해 엄청난 비용을 들인다. 담배회사들은 흡연이 만족감을 줄 뿐만 아니라 건강하고 섹시한 무언가가 있는 것처럼 보여주기 위해 수단과 방법을 안 가리지만, 실제 담배는 중독성이 강하고 몸에 해롭다. 할리우드는 잘생긴 남편과 아름다운 아내 또는 빠른 차가 행복의 지름길이라는 이미지를 판다. 일반적으로, 현대사회는 명예, 돈, 권력, 그리고 소유물들이 행복의 보증수표라는 기대를 반복해서 주입한다. 심지어 부와 권력을 가졌다고 해도 행복하지 않은 사람들이 많다는 증거가 넘쳐나는데도 그렇다.

행복에 관한 미신의 대표적인 사례가 로또 당첨자들이다. 여러 가지 이유로 5년 뒤가 되면 당첨자 중 90퍼센트는 차라리 당첨되지 않았으면 하고 바란다. 처음에, 그들은 세금과 다른 수수료를 제한 뒤 4분의 1에 해당하는 금액을 수령하든지 아니면 향후 20년간 매년 5만 달러를 받을지를 선택한다. 그런 다음 수년간 보지 못했던 친척들이 갑자기 문 앞에 나타나 도움을 요청한다. 새로 생겨난 친구들도 한몫 챙기려 혈안이 된다. 또한 새로 생긴 돈을 관리해야 되는 문제도 만만치 않다.

성性은 우리 사회가 미화하는 또 다른 큰 미신이다. 그래서 많은 사람들이 성적 욕망을 실현하는 것이 행복을 위한 전제조건이라 믿는다. 다르게 표현하면, 정기적으로 누군가와 성생활을 하지 못하면 행복해질 수가 없는 것이다. 그쪽으로 운이 없다고 항상 불평하는 나의 한 지인이 어느 날 기대하지 않았던 하룻밤을 보내게 됐다고 좋아했다. 그래서 결과적으로 지금 매우 행복하다는 것이다. 나는 그 행복이 얼마나 갈지 묻지는 않았다. 왜냐면 조금 지나면 그의 테스토스테론이 재충전될 것을 알기 때문이다.

불교의 경문은 이런 일시적 쾌락의 부질없음을 담고 있다.

누군가 육체의 욕망을 갈구하다가 이를 얻는다.

그래, 그는 황홀함에 취한다.

가여운 존재가 원하는 것을 얻었다.

그러나 갈구하는, 욕망하는 이에게 쾌락이 사라지면,

화살을 맞은 새처럼 산산이 부서진다.

그렇다고 불교가 성생활이나 쾌락을 반대하는 것은 아니다. 경전에서 욕망을 놓아주라고 언급하는 것이 성생활을 하지 말라는 말은 아니다. 관련된 불교의 계율들은 일반적으로 이렇게 설명된다. '부처의 규율은 성을 남용하지 않는다.' 이는 강간이나 중독의 단계에 이른 강박적인 성적 표현을 금지한다는 뜻이다.

불교의 관점에서 일시적인 것들에 집착하는 일은 해로운 욕망이다. 패트릭 호크는 이렇게 말한다. "자아의 영속성이라는 환상이나 사물의 지속성을 꿰뚫어 볼 수 있다면 그때는 자유를 얻게 된다. …… 어느 하나의 입장에 사로잡히거나 중독되어서는 안 된다는 뜻이다."

욕망과 관련된 문제들 중 하나는 우리가 갈망하는 많은 것들이 실제로 얻게 되면 만족감을 주지 못한다는 것이다. 2003년, 하버드대학교에서 다음과 같은 실험이 행해졌다. 학생들에게 ① 1년에 5만 달러를 받고 동시에 다른 사람들은 그 절반만 받는 경우와 ② 1년에 10만 달러를 받고 동시에 다른 사람들은 그 두 배를 받는 경우 어떤 선택을 할 것인지 물었다. 다수가 ①을 선택했다. 그들은 다른 사람들보다 많이 받을 수 있다면 더 적은 금액에도 만족했다. 다른 연구들도 비슷한 결과를 보여준다. 급여가 인상된 기쁨은 동료가 더 많은 인상을 받았다는 것을 알게 되면 급격히 사라진다.

우리는 스트레스를 받으면 금전적 여유가 있는지와는 상관없이 쇼핑을 한다. 쇼핑한 금액을 감당할 수 없으면 이는 빚이 되어 추가적인 화의 근원이 된다. 그리고 이를 감당할 수 있다고 하더라도, 불교의 가르침이 말하듯 '소유하고자 하는 물욕이 자신을 집어삼킨다'는 사실을 알게 된다. 서양에는 이런 표현이 있다. "보트 주인에게 가장 행복한 이틀은 보트를 사는 날과 파는 날이다."

행복에 관한 미신은 물질에만 한정되지 않는다. 우리를 행복하게 해준다고 믿는 것들은 형태가 있을 수도 있고 없을 수도 있다. 심지어 정신적인 무엇일 수도 있다. 내 어린 시절 친구인 짐은 운동을 좋아했다. 그는 체조선수였고 다른 많은 스포츠를 즐겼다. 그는 명문대학에 진학했고 약간의 학습장애가 있었음에도 온갖 노력을 다해 박사학위까지 마쳤다. 그의 엄격한 아버지가 대학교수가 되는 것이 가장 큰 성공의 상징이라고 굳게 믿고 있었기 때문이다. 짐은 주립대학의 교수직을 약속받았지만 자신은 교직생활에서 즐거움을 느끼지 못한다는 사실을 깨달았다. 한번은 누군가 그에게 대학 교직생활은 어떠냐고 물었을 때 그가 몹시 곤혹스러워하는 모습을 봤다. 그는 그 당시에 내게 YMCA에서 아이들을 위한 스포츠강사로 일할 수 있다면 훨씬 행복할 거라고 말했다.

안드레 애거시(전 세계 랭킹 1위였던 미국의 은퇴한 프로 테니스 선수-옮긴이)는 내 생각에 모든 것을 다 가진 사람이지만 TV 토크쇼에 나와 테니스를 단 한 번도 좋아한 적이 없고 오히려 테니스를 생각하면 비참해진다고 말했다. 한때 세계 1위를 했던 테니스 선수임에도 말이다!

● Exercise 8-2

나를 행복하게 해준다고 생각하는 것들이 반드시 잘못된 것은 아니다. 여기서의 목표는 그저 그런 것들을 인식하고 그것들이 어떻게 나의 삶에 영향을 미치는지 살펴보자는 것이다.

· 나를 행복하게 만들어준다고 생각하는 것들을 적어보자. 아마도 명예, 아름다움, 부, 인기, 잘나가는 직업, 지금까지 이룬 성취, 결혼, 정신적 성숙함 등이 대상이 될 수 있을 것이다.

~~~~~~~~~~~~~~~~~~~~~~~~~~~~~~~~~~

~~~~~~~~~~~~~~~~~~~~~~~~~~~~~~~~~~

~~~~~~~~~~~~~~~~~~~~~~~~~~~~~~~~~~

· 이제 평가를 해보자. 어떤 항목들을 달성했는가? 각각은 당신의 행복에 어떻게 기여하는가? 그리고 그렇게 얻어진 행복을 위한 대가는 무엇인가?

행복에 관한 미신은 각자의 내면에 품고 있는 '부정적 규칙'에서도 발견된다. 다음 규칙들을 살펴보자.

- 누군가와 지나치게 친밀해지면, 결국 상처받는 사람은 나야.
- 감정을 드러내면, 사람들은 내가 예민한 사람이라 생각하고 이용하려고 할 거야.
- 누군가 나를 공격할 때 화를 내지 않으면, 사람들이 나를 겁쟁이라 생각하고 내게 무슨 짓을 해도 된다고 생각할지도 몰라.
- 내가 인정을 베풀면, 사람들은 더 많은 것을 원할 거야.

미신에 따라 설정된 목표를 이뤘는데도 아직 행복하지 않거나, 만족감이 일시적인 데 그쳤다면 결국에는 화가 난다. 이로 인한 화는 그 원인을 당사자가 인식하지 못하거나 명확하게 구분해 내지 못하고 그저 만족감을 줄 또 다른 수단을 찾기 위한 욕구로 느껴질 수도 있다. 만약 친구가 똑같은 목표(예를 들어 자동차나 보트 같은)를 이뤄 행복해 한다고 믿는다면, 아마도 그렇지는 않겠지만, 상황은 더 심각해진다.

나의 부정적 규칙을 적어보자. 그 규칙들 중에 만약 버릴 수만

있다면 더 행복한 삶을 살 수 있게 해주는 것들이 있는가?

~~~~~~

~~~~~~

~~~~~~

'글쎄요'라는 마음

미신에서 스스로 탈출하기란 쉬운 일이 아니다. 오랜 세월을 거쳐 뿌리 깊게 형성된 고정관념이기 때문이다. 어떤 사람들은 습관적 사고에 너무나 깊게 사로잡혀 있어서 돈을 버는 것이 곧 자신이 누군지를 보여주는 것이라고 믿기도 한다. 오히려 행복을 방해한다는 징후가 보여도 미신을 계속 추구한다. 돈을 벌어야 행복할 수 있다는 미신에 온통 마음을 빼앗긴 사람들은 가족뿐만 아니라 모든 것을 팽개친 채 일에만 매달린다. 그럼에도 미신을 버리는 것을 '죽음'이나 자아가 상실되는 것처럼 느낀다. 그러나 이러한 죽음을 선禪의 관점에서는 "작은 죽음"으로 표현하며 정신적인 성취로 본다.

다른 관점에서 보면, 우리가 일이나 관계에 변화를 주거나 식습관을 바꾸기를 거절하는 이유는 감정적으로 힘들 때 매달리

는 대상들이기 때문이다. 삶의 습관적 질서를 벗어나거나 감정적인 고통을 견디기를 꺼려하면서 본인의 요구가 지속적으로 충족되지 않는 상황에 처하게 된다. 삶이 전체적으로 불만족스럽게 된다.

자신을 행복하게 해주는 것들에 대해 잘 알고 있다는 믿음이 오히려 자신의 마음을 닫게 한다. 현재 자신이 위치한 곳에 만족하기보다는 미신을 추구하게 만든다. 앞서 이야기했듯이 불교는 행복을 위한 방법론을 제시한다. 이에 따르면 명상을 통해 미신에서 탈출할 수 있다. 도겐 선사는 "시선을 안으로 돌려 자신의 마음을 살펴보라"고 말했다. 명상할 때, 우리의 생각과 믿음들을 찬찬히 살펴볼 수 있다. 역으로 행복을 해치고 위험에 빠트리는 자신의 행동을 열린 마음으로 바라볼 수 있다.

본질적으로 미신에 따른 목표는 자신까지 삼켜버리는 소유욕 같은 것이다. 이를 해결하기 위해서는 그런 것들은 자신이 만들어낸 관념일 뿐이라는 사실을 깨달아야 한다. "그런 것들에 의미를 주는 사람이 바로 본인이라는 것을 깨우쳐라"라고 패트릭 호크는 말한다. 행복을 위한 목표가 제 기능을 못하면 바꿔라. 유연하게 생각해라. 다른 가능성들에도 마음을 열어라. "의미라는 환상을 꿰뚫어 볼 수 있다면 그때부터 진정한 자유다."

행복을 가져올 것이라 믿는 것들에 대한 환상을 부수고 나면 그런 것들을 얻지 못해 생겨나는 좌절감이나 불만족이 사라져 화가 줄어든다. 현재 본인에게 벌어지는 일이 어떤 결과를 가져올지 알 수 없다는 점을 이해하면 무엇이 좋고 나쁜가에 대한 선입견 없이 현재를 살아갈 수 있다. 현재를 살아갈 수 있도록 자유를 줄 뿐만 아니라 행복을 발견할 수 있는 기회가 늘어난다. 진정한 보물은 삶의 기쁨과 고난 속에서 '글쎄요'라는 마음 자세를 유지하는 것이고 또 평정심이다.

9장

나에게 화가
올 때

그에게 충족되지 못한 요구는 무엇인가?

그의 화가 정당한지 아닌지는 크게 상관이 없다.

스스로 평정심을 유지해서

다른 사람의 화를 관찰할 수 있다면

그 상황에 자유롭게 대처할 수 있다.

부처가 라자가하 외곽에서 가르침을 펼치고 있었다. 그때 한 브라만이 자신의 일족 중 한 명이 집을 떠나 부처에게 귀의해 승려가 된 사실을 알았다.

브라만은 불쾌한 마음으로 화가 나서 부처를 찾아갔다. 도착하자마자 그는 부처에게 무례하고 거친 목소리로 모욕을 주고 매도했다.

모욕적인 말들의 대상이 된 부처는 이렇게 말했다.

"안녕하세요, 브라만. 당신에게도 때때로 친구나 친척 같은 손님들이 찾아오겠죠?"

"그렇소, 고타마. 가끔 손님들이 방문하지요."

"그들이 오면 음식들을 대접하고 또 쉴 곳을 마련해주나요?"

"물론 그렇게 하지요."

"그런데 만약 방문객들이 당신이 제공한 것들을 거절하면 그 것들은 누구에게 속하게 됩니까?"

"글쎄요, 고타마. 만약 그들이 받지 않으면 다시 내게 남아 있 겠지요."

"이번에도 마찬가지입니다, 브라만. 당신은 우리를 매도했지 만 누구도 당신을 매도하지는 않았지요. 당신은 우리를 모욕했 지만 누구도 당신을 모욕하지는 않았습니다. 그렇게 우리는 당 신으로부터 그 말들을 받아들이지 않았고 그 말들은 당신에게 남아 있습니다. 당신의 몫입니다, 브라만."

우리가 자신의 화를 얼마나 잘 다스릴 수 있는지와는 별개로 우리는 언제든 다른 사람들이 화를 내는 대상이 될 수 있는 세 상 속에 살고 있다.

우리 사회는 누군가 자신을 모욕하면 화를 내며 이에 반격해 야 한다고 가르친다. 누군가의 화의 대상이 되는 것은 한 대 얻 어맞는 것과 유사하다. 곧바로 투쟁-도피 반응이 발동하고 아 드레날린이 솟아오르며 뇌 속 깊은 곳에 자리 잡은 비이성적 판단을 하는 원시적 변연계의 지배를 받는다.

"누구도 내게 그런 짓을 하고 도망치지 못해!"

우리는 분개하며 대응한다. 화에 따른 고통을 줄이는 유일한 방법은 주먹을 되돌려주고 고통을 가하는 것이라 생각한다. 그러나 실제로는 양쪽의 화만 더 상승할 뿐이다.

바람처럼 곁을 지나가게 하라

불교의 많은 지도자들은 화가 그들을 향할 때 이에 대응하기 위해 세련된 방법을 사용한다. 초감 투룽파Chogyam Trungpa는 티베트불교를 미국에 최초로 소개한 스님이다. 그는 하나의 가능성을 이렇게 서술했다.

인내를 실천한다는 의미는 모욕이나 화, 공격, 위협을 돌려주지 않는 것이다. 그러나 이것이 온전히 소극적인 자세만을 의미하지는 않는다. 대신 우리는 다른 사람의 에너지를 유도처럼 이용한다. …… 사람들의 위협을 돌려주지 않고 동시에 그들의 에너지를 스스로 약화시켜 더 이상의 공격을 막는다는 점에서 우리의 대응은 정당한 자기방어가 된다.

유도를 비롯한 여타 무술들은 누군가 급하게 다가설 때 마지막 순간에 그저 옆으로 비켜서라고 가르친다. 그러면 공격자는 넘어지기 마련이다. 단순히 반응을 하지 않는 것은 유도의 기술이지만 우리는 다른 사람의 화가 미풍처럼 곁을 스쳐가게 할 수 있다. 데이비드 슈나이더David Schneider는 이렇게 설명한다. "판단을 내리거나 반응을 하지 않고 다른 사람의 에너지에 많은 공간을 허락해준다. 그러면 화를 낸 당사자가 이 에너지를 인식거나 에너지가 스스로 약해진다. 이런 일이 발생하면 대개 화는 사라진다. 이런 대응이 온전히 수동적인 자세가 아닌 이유가 공간을 허락해주고, 화를 돌려주거나 판단하지 않기 위해서는 많은 에너지가 필요하기 때문이다. 흔들리지 않고 자신의 자리를 지키기 위해서는 많은 힘과 통찰력이 요구된다."

달라이 라마는 『달라이 라마의 마음공부An Open Heart』에서 "우리가 긍정적인 마음을 가지면 적대감에 둘러싸여 있어도 마음의 평화를 잃지 않는다"라고 말한다. 화를 화로 대응하면 적대적인 에너지는 기하급수적으로 늘어나고 우리는 평정심을 잃는다. 그는 또 이렇게 썼다.

"이웃이 당신을 미워하고 언제나 문제를 일으킨다고 상상해보라. 만약 성질을 못 참고 그를 향해 화를 품으면, 소화는 잘 안 되고 분해서 잠을 못 자게 되어 진정제와 수면제를 찾는다. …… 기분이 상해서 짜증을 자주 내, 결과적으로 오랜 친구들은 방문을 꺼린다. 점점 주름과 백발이 늘어나고 결국 더 심각한 건강상의 문제가 생긴다. 이제 당신의 이웃은 정말 행복하다. 직접적으로 신체 공격을 하지 않았는데도 목적을 달성했다. 그의 부당한 공격에도 불구하고 평정심을 유지하고 평화롭고 행복한 마음을 가지면 건강은 해를 받지 않고 마음은 기쁜 상태를 유지하고 친구들은 더 많이 방문한다. 삶은 더욱더 성공적이 된다. 이젠 이웃의 마음에 근심이 늘어난다. 나는 이것이 당신의 이웃에게 대응하는 현명한 방법이라고 생각한다. 농담으로 하는 말이 아니다. 내게는 이런 경험이 많다."

달라이 라마는 자신의 화는 물론이고 다른 사람의 화를 연민으로 다스리는 훈련을 평생 동안 해왔다. 그리고 화에 대한 이러한 접근 방법은 모두에게 동일하다. 화를 돌려주어 공격성을 키우지 마라. 공격을 받았을 때 생겨나는 감정에 대처하는 법은 첫째 다른 사람의 화에 대응하지 말고 공간을 만들어주는 것이다. 굳건하고 고요한 자세를 유지하면 때때로 공격자가 화를 내는 것이 얼마나 헛된 일이고 부적절한지를 깨달을 수 있다. 만약 공격자에게 바라는 효과가 나타나지 않더라도 최소한 우리는 이성적이고 효과적으로 대응할 수 있다.

반응하지도 응답하지도 마라

샌프란시스코 소토선센터의 소산 빅토리아 오스틴Shosan Victoria Austin은 화와 부딪쳤을 때 다음과 같은 7단계를 대처 방안으로 제시한다.

첫 번째, 말하거나 반응하기 전에 공간을 둬라. 심호흡을 해라.

두 번째, 상대방의 안색과 몸 상태를 살펴 현재 무슨 일이 벌어지고 있는지 파악해라. 생리적인 단서들을 살펴보라. 특히 상호 신뢰도에 변화가 일어나는지 지켜봐라. 사람이 대개 편안해지면 눈이 커지고 몸을 살짝 당신을 향해 기울인다.

세 번째, 아무 대응도 하지 않은 결과를 살펴보라. 단기간에 도움을 주는 행동은 나중에 해가 될 수도 있다.

네 번째, 자신에게 물어보라. 내가 추측을 하고 있지는 않나? 문제가 무엇인지 당사자에게 물어보라. 본인이 문제의 원인이 되는 행위를 하는지 고려하라.

다섯 번째, 상호간의 경계선과 가치, 한계를 강조하고 존중해라. 다른 사람들에게도 마찬가지다. 다툼은 가치관이 다른 결과인 경우가 많다. 예를 들어, 가족 구성원 두 명이 양육자를 요양시설과 집 중 어디에 모실지를 두고 의견이 다르다. 한 명은 양육자가 건강상 안전하기를 원하고 다른 이는 양육자가 행복하게 지내기를 원한다. 안전 지향인 사람은 솔직하게 인정한다. "내가 항상 지킬 수는 없어. 나는 엄마가 다칠까봐 두려워." 다른 사람은 말한다. "나는 엄마가 바라는 걸 들어주지 못하면 스스로에게 화가 나 견딜 수가 없어." 이제는 장소의 문제가 아니라 서로간의 관심 사항에 대한 논의가 된다.

여섯 번째, 바른 자세로 이야기하라. 스스로에게 '이 사람과 의사소통을 하려면 정말 필요한 것은 무엇인가?'라고 물어보라. 그리고 다른 동기로 본인의 감정을 분출하지 마라. 본인의 말이나 행동에 가시가 돋아 있는지 나쁜 의도가 숨어 있는지, 제멋대로 굴고 있지는 않은지 살펴라. 무엇을 말해야 하는지뿐 아니라 어떻게 말해야 하는지도 자신에게 질문을 던져보라.

일곱 번째, 신중하게 노력해서 앙갚음을 하지 마라. 불교에서 가장 기본적인 선언은 모든 존재를 축복하는 것이다. 당신 앞의 특정 인물만 제외하는 것이 아니다.

물론 전혀 반응하지 않고 그저 흘려보내야 하는 화도 있다. 예를 들어 우리는 종종 운전 중에 다른 사람의 화와 부딪힌다. 만일 어느 운전자가 욕설을 내뱉는다면 당신이 할 수 있는 최선의 대응은 응답하지 않는 것이다. 우리는 그 사람과 다시 얽힐 일이 없기 때문이다. 그 사람 주변의 일상적인 '싸움판'에 우리가 굳이 끼어들 이유가 없다. (아마도 그 안에 이미 많은 사람들이 북적대고 있을 확률이 높다.) 물론 그 사람과 허심탄회하게 무엇이 문제인지 대화할 수 있다면 더할 나위가 없겠지만 그런 일은 일어나지 않는다. 대화를 시작한다고 하더라도 결과가 좋을 확률은 희박하다. 한 가지 이유는 선입견으로 가득 찬 그의 내면 드라마로 들어서면 당신은 완전한 무능력자일 뿐이기 때문이다. 다른 이유는 그의 화는 당신이나 당신의 행동과 아무런 관련이 없을 수도 있기 때문이다. 그저 자신의 분노를 참지 못하는 상태일 수도 있다. 만약 그렇다면 당신은 그가 화를 내는 원인을 처리할 아무런 방법이 없다.

화가 나 있는 타인과의 일상적인 대립 장면에서는 무응답으로 보복이 오고가지 않게 만드는 것이 최선의 방법이다. 그리고 이를 통해 화를 내는 것만이 능사가 아니라는 것을 보여줄 수 있다. 그가 지속적으로 만들어내는 싸움판에 충분히 많은 사람들이 끼어들기를 거부한다면 세상에 싸움은 줄어들기 시작할 것이다.

가족이나 직장동료가 화를 내는 경우는 다른 문제다. 무작정 피할 수만은 없다. 피할 수 있다고 해도 그에 따르는 대가가 적지 않다. 삶의 형태가 큰 변화를 겪게 된다.

그러나 화를 내는 사람과의 현재진행형인 관계 때문에 강력한 해결책 하나를 쓸 수 있다. 일단 본인이 상대방 화의 대상이 되면 그 사람에게 자신은 장단점을 가진 한 명의 인간으로서 존재하는 것이 아니다. 마치 오로지 욕망을 충족시키기 위한 성적 대상물처럼 그 사람의 화를 분출시킬 수 있는 샌드백, 화의 대상물이 된 것이다.

이런 상황에서는 일단 공격자에게 서로의 가까운 인간관계를 상기시켜줄 필요가 있다. 이런 간단한 말로 가능하다. "네가 화를 내니까 마음이 아파." 혹은 "나는 네가 화를 내면 정말 힘들어." 이렇게 본인이 상대방의 화로 얼마나 감정이 상하는지를 알려주는 방법으로 상대방이 본인 말을 들을 수 있을 정도로 화를 멈출 수 있게 되면, 그 순간을 대화를 시작하는 기회로 삼을 수 있다. "그래 뭐가 문제인지 이야기해보자."

대화를 본인과 공격자 사이에 벌어지고 있는 문제를 인식하는 것으로 시작해라. 그가 원하는 것이 무엇인지 파악해라. 다시 말해, 그에게 충족되지 못한 요구는 무엇인가? 그의 화가 정당한지 아닌지는 크게 상관이 없다. 스스로 평정심을 유지해서 다른 사람의 화를 관찰할 수 있다면 그 상황에 자유롭게 대처할 수 있다. '내 탓이오mea culpa'가 적절한 상황이라면 사과를 할 수도 있다.

화 밑에 깔려 있는 정당한 요구를 충족시켜주지 못한 책임이 자신에게 있는지 자문해보라. 만약 그렇다면 사과를 할 수 있겠는가? 어떤 연유로든 화를 불러일으킨 책임이 있는가? 혹시 문을 쾅 하고 닫는 행동으로 화를 돋우지는 않았는가? 오해할 만한 상황이 있었는가? 다른 사람의 화가 무언가가 잘못되고 있다는 신호등의 빨간불일 수도 있다. 인식하지 못하고 습관적으로 다른 사람들의 화를 불러일으키는 행동을 하고 있는 것은 아닌가?

틱낫한은 이런 상황들에서 가장 강력한 무기는 '경청하기

compassionate listening'라고 한다. "조용히 앉아 오직 한 가지 목적으로 경청해라. 다른 사람이 자신을 표현하고 그의 고통으로부터 구원을 찾을 수 있도록 허락해라." 이런 식으로 접근하는 지혜로운 방법은 고대 이집트 문명에서도 발견된다. 다음은 '프타호테프Ptahhotep의 지침'이다.

당신이 만약 지도자라면,

청원하는 사람의 목소리를 고요히 들어라.

그가 계획한 말을 통해,

자신의 몸을 정화하는 의식을 멈춰 세우지 마라.

고통 속의 남자가

소송에서 승리하기보다는

자신의 심장을 꺼내 보이기를 더 원하고 있다.

유머와 공감을 이용하라

다른 사람의 화가 지나치게 불안정한 상태가 아니라면 공감이 상황을 반전시킬 수 있다. 한 친구가 오후 두 시에 수령하기로 한 사진을 찾으러 갔다. 문을 열고 들어가자 가게에는 점원이 혼자서 등을 보인 채 바쁘게 일하고 있었다. 잠시 후에 친구는 인기척을 냈다. 그래도 점원은 돌아보지 않았다. 15분쯤 지나 친구는 마침내 물었다.

"사진 찾으러 왔는데요?"

점원은 퉁명스럽게 대답했다.

"다른 직원이 올 때까지 기다리셔야 하는데요."

친구는 말했다.

"별로 되는 일이 없는 날인가 보네요. 나도 겪어봐서 아는데 피곤하겠군요."

그리고 시간이 조금 지나자 점원은 묵묵히 사진을 찾아 건네 주었다.

또 다른 이야기가 있다. 어느 상담사가 이혼을 고려하고 있는 부부를 중재하다가 공감을 끌어내야 할 필요가 생겼다. 상담사가 절차에 대한 설명을 시작하려고 할 때 청각에 문제가 있는 남편이 끼어들었다.

"당신은 아무런 도움이 안 되는군요. 청각장애가 어떤 건지 알기나 하세요?"

상담사는 인정했다. 그녀는 그것이 어떤 느낌일지 알 수는 없다고 말했다. 그러나 공감할 수는 있다고 말했다. 그녀는 사람들이 등 뒤에서 험담을 하거나 그녀 앞에서 마치 그녀가 존재하지 않는 것처럼 말을 할 때마다 얼마나 고립감을 느끼는지에 대해 말했다. 이런 간단한 공감의 말이 남편의 마음을 열었고 대화에 참여하게 만들어 절차를 성공적으로 마무리할 수 있었다.

한편 유머는 화를 해소하는 강력한 도구다. 특히 화가 상황에 비추어 부적절하다는 것을 보여주는 유머는 강력한 효과를 발휘한다.

한때, 나는 투스콘에 부동산 지분을 가지고 있는 유명한 연예인을 대리한 적이 있다. 그녀가 한번은 개인 전용기를 이용해 공항에 도착하면서 대중의 이목을 끌기 싫다면서 내게 자동차로 마중을 나와 달라고 부탁했다. 공항으로 출발하려고 할 때 내 딸이 따라오고 싶다며 집에서 같이 놀고 있는 친구와 같이 가도 되냐고 물어왔다. 별 생각 없이 나는 알겠다고 말했다. 우리가 공항 활주로에 다가가 차를 세우자 유명 연예인이 비행기에서 내리더니 자동차 뒷좌석의 두 어린이를 발견했다. 그리고 이렇게 비꼬았다.

"무슨 짓이에요? 표라도 팔았어요?"

나는 말했다.

"이런 들켰네요. 흥행 수입을 나누면 어떨까요?"

그녀는 웃음을 터뜨렸고 그렇게 상황은 종료됐다.

가족 간에 화가 날 때

가족 간에 화가 발생하면 상황은 특히 고통스러워진다. 일단 화가 가족 내부에 자리를 잡게 되면 누군가 그 상황을 바로잡을 때까지 일상적이 된다. 두 자매, 케이트와 진의 경우를 살펴보자.

케이트와 진은 여섯 살 터울이다. 다른 많은 첫째들과 마찬가지로 케이트는 동생 진이 태어난 후 양육자의 사랑을 빼앗겨 불만이 많았다. 양육자가 케이트에게 동생을 돌보는 책임을 맡기면서 문제는 더 악화됐다. 케이트는 동생을 테니스 수업이나 다른 활동에 데려가는 역할을 맡았다. 운전면허를 획득한 이후에 케이트는 마치 동생 진의 전속 운전기사가 된 듯한 느낌이었다. 갈수록 그녀의 역할이나 동생에 대한 분한 마음이 커져 갔다.

반면에 대학을 졸업한 뒤 케이트는 교사가 되어 집에서 독립했다. 진은 계속 고향에 머무르면서 결국 성공적인 회계사가 되었다. 그들의 양육자는 진에게 가계의 재정에 대해 문의했고 나이를 먹어갈수록 모든 돈 문제를 진에게 맡겼다. 그리고 마침내 진이 집안의 모든 대소사를 결정하게 되었다. 케이트가 뒤늦게 이 사실을 알게 되자 그녀는 감정이 폭발하여 진에게 집안의 금전문제에 관한 독립적인 위탁인을 구하라고 요구했다. 진은 케이트에게 위탁 비용이 얼마나 많이 드는지에 대해 설명했다. 그러자 케이트는 재정상의 권리의무 관계를 둘 사이에 나누자고 제안했다. 진은 케이트가 멀리 떨어져 살고 또 그녀 자신의 재정문제를 다루는 데도 능숙하지 못하다는 이유로 케이트의 제안을 거절했다.

케이트는 이제 남은 마지막 방법은 법적 소송뿐이라고 생각했다. 그러나 변호사에게서 소송을 할 방법이 없다는 이야기를 듣고 나서는 결국 독설을 가득 담은 편지를 진에게 보냈다. 케이트는 진이 양육자의 돈을 훔쳐 쓰고 있다고 비난했다. 그러자 이제 진이 폭발했다. "나를 정말 그렇게 생각하는 거야? 지옥에나 가버려! 이제 다시는 연락하지 마. 목소리도 듣고 싶지 않으니까"라고 진은 답장했다. 둘 사이의 균열은 영원할 것처럼 보였다.

몇 년 뒤에 진은 회계 업무와 양육자를 돌보는 일에 따른 스트레스가 본인의 건강에 부담이 되고 있다는 것을 깨달았다. 의사의 제안에 따라 그녀는 명상을 해보기로 결심했다. 화가 어떻게 행복을 파괴하는지에 대한 부분을 배운 뒤에 그녀는 언니와 소식을 끊고 지낸 일에 대해 생각하기 시작했다. 화에 대한 가르침을 곰곰이 새긴 진은 케이트와 대화를 할 필요가 있다는 것을 깨달았다.

화해는 작은 발걸음으로 시작됐다. 진은 케이트에게 전화를 해서 사과를 했다. 그녀는 케이트가 왜 그렇게 행동했는지를 이해한다고 말했다. 케이트가 집안일에 소외돼왔다는 사실을 인정하고 이를 고쳤으면 한다고 이야기했다. 케이트는 생각을 해보겠다고 말했다.

다음 날, 케이트는 전화를 해서 양육자의 재정 상황에 대한 소식을 계속 받기를 원한다고 간단히 말했다. 대화 속에서 진은 양육자와 관련된 결정 사항들에 대해 케이트를 제외시킨 자신의 거만했던 태도를 인정했다.

몇 번의 통화 속에서 케이트는 진에게 품고 있는 화가 계속 마음의 짐이 됐다는 점과 화해를 할 수 있는 기회가 생겨 마음이 편해졌다는 점을 인정했다. 이제는 두 자매가 양육자와 관련된 모든 중요한 문제를 함께 상의해서 결정한다. 심지어 케이트는 진에게 자신의 재정 관련 사항도 관리해줄 것을 부탁했다. 그리고 시간이 날 때마다 서로를 방문하고 있다.

이번 예를 보면, 중요한 관계가 돌이킬 수 없을 정도로 악화되었다고 보였지만 손을 먼저 내밀고 벽을 부수려는 진의 용기가 관계를 회복시키는 것을 알 수 있다. 그런 용기 있는 행동을 통해, 진은 케이트 역시 고통을 겪고 있었고 상황을 개선시킬 기회를 찾고 있었다는 사실을 알았다.

개선의 여지가 없는 사람의 경우

미국 속담 중에 이런 말이 있다. "돼지와 절대 뒹굴지 마라. 돼지도 더러워지고 너도 더러워진다. 그러나 돼지는 더러워도 즐겁다."

어떤 경우에는 일상적으로 화를 달고 사는 사람과 만나야 할 일도 있다. 그는 아마도 항상 세상에 잣대를 들이대고 냉소적

일 것이다. 왜냐면 세상이 자신의 기준에 부합하지 않는다고 믿기 때문이다. 그는 심지어 자신의 우월함을 보여주는 방법으로 화를 낼 거리를 찾아다닐지도 모른다. 그런 사람과의 관계를 유지해야 하는 데에는 여러 가지 이유가 있을 것이다. 긴 만남의 역사가 있거나 그가 욱하는 성질을 보완할 다른 장점이나 덕목을 가지고 있을 수도 있다. 실제로 그가 상대하기 어려운 사람이라는 점이 오히려 흥미를 끌게 하고 재미가 될 수도 있다.

그러나 그런 사람과 친구가 되기 위해서는 그의 화도 패키지로 따라온다는 점을 받아들여야 한다. 혹시 그의 화 이면에 숨어 있는 원인을 이해할 수 있을 정도로 그를 잘 알게 되면 그가 직접적으로 화를 낼 때에도 이를 개인적으로 받아들이지 않는 것이 쉬워질지도 모른다.

반면에 어떤 행동들이 사회적으로 용납된다 하더라도 내 생각에 그의 욱하는 성질 때문이라고 생각될 때는, 그런 사람과 어떤 관계도 맺기 싫다고 결심할 수도 있다. 나는 최근에 일상적으로 냉소하고 비판하기를 즐기는 옛 친구 두세 명과 만나지 않기로 결심했다. 나는 그들과 함께하는 것이 절대 행복하지 않다는 것을 깨달았다. 이것이 내 자세의 변화인지는 잘 모르겠다. 그저 내 예전의 모습과 같은 그들에게 가치를 두지 않는 것이거나 더 이상 그런 식이어서는 안 된다는 생각이다.

숨겨진 화나 소극적인 공격 행동은 다루기가 힘들다. 정상적이거나 심지어 친근한 말투나 행위로 위장하기 때문이다. 소극적 공격 성향을 보이는 사람은 상대방에게 동의하지 않는다고 나서서 말하지 않는다. 그냥 아무것도 하지 않는다. 항상 '까먹고' 습관적으로 늦는다. 한계와 중요도를 설정하는 것이 그런 종류의 행위에 대처하는 한 가지 방법이다. 예를 들어, 항상 늦는 친구에게 언제까지 기다리겠다고 알려준다거나 습관적으로 직장에 지각하는 사람에게 벌칙을 부여하는 것이다. 다른 방법은 직접적인 질문을 통해 당사자의 화를 끄집어내는 것이다. "네가 불만이 있어 보여", "혹시 내가 놓치고 있는 것이 있다면 알려줄래?"

소극적 공격 성향을 보이는 사람을 다루는 것은 특히 당사자가 본인의 말이나 행동에 숨어 있는 화를 인식하지 못하고 있을 때 더 까다롭다. 이럴 때는 화를 품고 있는 상대방의 잘못된 행동보다는 본인의 기분을 대화의 주제로 삼는 것이 좋은 방법이 된다. 이런 대화를 시도해볼 수 있다. "어젯밤에 우리 둘이 비밀로 나눈 이야기를 네가 다른 사람에게 말했다는 것을 알았어. 정말 속상했어. 제발 다시는 그러지 마."

흔히들 이렇게 말한다. '이에는 이, 눈에는 눈. 화만 내지 말고 똑같이 갚아줘.' 그러나 이런 접근 대신에 소산 빅토리아 오스틴은 다음과 같은 방법을 사용하라고 권한다. "화내지 말고, 차분하게 방법을 찾아."

"'화만 내지 말고 똑같이 갚아줘'라는 말을 내가 처음 들었을 때 이 방법은 서로를 향한 미움을 고착화시키는 길이라고 생각했다. 이런 접근은 긴장을 고조시키고 전쟁을 일으킨다. 나는 오랜 시간 동안 동네북처럼 만만한 사람 취급을 받지 않으면서 비폭력으로 화를 다루는 방법을 생각해내지 못했다. 그런데 명상과 요가에 더 깊이 빠져들면서 화는 건강하지 못한 목적을 가진 에너지이고 몸에도 악영향을 미친다는 사실을 깨달았다. 나는 대신 이 에너지를 평화롭게 사용하는 방법을 찾기 시작했다."

오스틴은 엘렌이라는 여자의 예를 들었다. 그녀에게는 무슨 일이건 자신을 혹평하는 직장상사가 있었다. 엘렌은 승진을 원했고 현재의 상황에서 그녀를 구원해줄 전략을 생각해냈다. 그녀는 상사가 그녀에 대해 이야기하는 혹평들을 모조리 적었다. 그리고 그런 비난들 속에 숨어 있는 문제들을 철저히 분석했다. 회사에 인사발령 시기가 다가오자 그녀는 상사가 의문을 던졌던 각 분야에서 업무를 얼마나 잘 수행할 수 있는지를 문서화했고 회사 고위층에 제출했다. 그리고 혹평을 퍼붓던 상사와 같은 지위로 승진했다.

아마도 화와 관련된 최악의 시나리오는 누군가의 화가 본인의 고통이나 스트레스로 인한 것이 아니라 의도적인 전략일 경우다. 누구든지 어떤 사람이 화를 이용해 자신을 조종하려는 상황에 언제든 빠질 수 있다. 특히 회사의 업무와 관련된 세계에서는 화가 효율적인 관리 수단이라고 생각하는 직장상사를 마주칠 확률이 높다. 화를 내며 부하직원을 괴롭히는 직장상사의 경우 부하직원이 잘못된 행동을 직접적으로 말해주는 것만으로 충분히 해결되는 경우도 있다.

어느 잡지 컨소시엄의 부서장인 예술감독이 다혈질의 사장 밑에서 근무하고 있었다. 그 사장은 종종 예술감독을 부하직원들 앞에서 비난하고 무시하면서 이를 관리 수단이라고 생각했다. 이런 일이 있었던 어느 날 그 친구는 사장이 혼자 남을 때를 기다렸다가 사무실로 찾아갔다. "앞으로 그런 식으로 한 번만 더 말했다가는 저는 회사에 더 이상 남아 있지 않겠습니다." 그일 이후에는 괴롭힘을 당하지 않았다.

그런데 이렇게 대응할 수 있는 사람은 많지 않다. 돈을 벌어야 하고 직장을 쉽게 떠날 수 없기 때문이다. 이런 경우에는 다른 일자리를 찾을 때가지 미끼에 걸리지 않도록 조심하는 것이 기본적인 생존전략이다. 현재진행형인 중국과 티베트의 갈등 속에서 달라이 라마가 취하는 대응이 유일한 방법이다. "매우 불행한 환경 속에서도 나는 대체로 차분하다. 평화로운 마음을 유지한다. 이는 매우 유용한 방법이다. 인내나 관용을 약자의 상징이라고 생각해서는 안 된다. 나는 인내와 관용을 강자의 상징이라고 생각한다."

과거에 나에게 화를 냈던 사람들의 예를 적어보자. 그 화의 모
습을 어떻게 기억하고 있는가? 그때 나는 어떻게 했는가? 그
리고 앞으로 어떻게 대응할 것인지를 적는다.

- -

- -

- -

화를 잘 내는 사람이나 우리를 공격하려는 사람과 대면하게
됐을 때가 인내와 관용을 함양할 좋은 기회다. 이 덕목들은 우
리 인간성의 기본 요소다. 이런 관점에서 보면 우리의 적대자
들은 우리를 더 나은 삶으로 이끌어주는 스승들이다.

다른 사람들이 약자의 표시라고 인식할지라도, 자신의 인간
성을 보여줄 수 있는 용기가 있다면 상승하는 화의 사이클을
낮출 수 있다. 다른 사람이 원하는 바를 인식하는 것이 좋은 출
발이다.

화 다스리기 워크숍에서 이런 접근 방법을 제시하자, 사람들
은 공격자를 친절하게 대하고 대화를 시작하면 그가 갈수록 더
많은 것들을 요구하지 않겠느냐며 우려했다. 이런 생각은 우리
내면의 친절을 가두어놓는 헛된 상상이라고 나는 믿는다. 어찌
됐든 한번 실험해볼 만하지 않은가? 최악의 결과는 상대방과
의 관계를 최종적으로 단절하는 것이다. 반면에 새로운 친구를

사귈 수도 있다.

　본인에게 직접적으로 화를 내는 상대방을 더 이상 적으로만 보는 것이 아니라 고통 속에 있는 또 다른 인간으로 볼 수 있다면 좋은 결말로 이어질 확률이 높아진다. 돼지랑 씨름을 했다고 생각했는데 알고 보니 상대방도 이를 전혀 즐기는 것이 아니었다. 이를 깨달으면 어떤 상황에서도 이득을 얻는다.

10장

모든 것이
나의 선택이다

이미 벌어진 상황에 대해 무섭게 화를 낼 때

우리는 두 가지 사실을 무시하고 있다.

첫째는 일어난 일이 좋은 일이 될지 나쁜 일이 될지

알 수가 없다는 점이다.

그리고 둘째는 이를 바꿀 수가 없다는 점이다.

"달리는 마차를 고부랑길로 몰아가는 능숙한 마부처럼, 솟구치는 화를 다스리는 이. 나는 그를 진정한 마부라 부를 것이다. 다른 이들은 그저 고삐만 붙들고 있다." 부처의 말이다.

몬타나 화이트피쉬에 사는 로라 먼슨은 놀라운 일을 해냈다. 어느 날 20년을 함께 살아온 남편이 그녀에게 말했다.

"더 이상 당신을 사랑하지 않아. 내가 당신을 사랑한 적이 있기나 했는지 모르겠어. 나는 집에서 나가겠어. 애들은 이해할 거야. 애들도 내가 행복하기를 원할 거니까." 그 순간 그녀는 화를 내지 않기로 선택했다.

"그의 말은 난데없이 휘두르는 주먹 같았어요. 강펀치였죠.

그래도 어떻게든 저는 움츠러들어 피할 수 있었어요"라고 그
녀는 《뉴욕타임스》에 썼다. 그녀는 남편의 말을 아이가 엄마를
향해 던지는 짜증처럼 다루기로 했다. 그녀는 남편의 공격을
일단 피했다. 그리고 공격이 그녀에 대한 것이 아니었기에 감
정적으로 받아들이지 않았다. 그녀는 남편을 잘 알았다. 그래
서 남편의 공격이 자신과의 결혼생활에 대한 것이 아니라 최근
에 겪은 정신적 공황상태와 더 관련이 있다고 생각했다. 먼슨
씨가 조금 회복이 되고 대화를 할 수 있게 되자 그녀는 어렵사
리 말을 건넸다. "난 당신의 말을 인정하지 않아요."

　이렇게 할 수 있었던 이유 중 하나는 최근에 그녀가 '자신에
대한 확고한 이해'에 집중하고 있었기 때문이다. 그녀는 이를
"고통의 끝"이라 부른다. 그녀는 자신의 행복을 그녀가 통제할
수 없는 원인들에 의해 영향 받지 않고 스스로 책임지기로 결
심했다. 그녀는 평정심을 유지했다. 모욕감을 느끼지 않기로,
자존감을 다치지 않기로, 화를 돌려주거나 비난하지 않기로 선
택했다. "난 당신의 말을 인정하지 않아요"라는 그녀의 말은 앞
선 우화에서 스님이 말한 "글쎄요"와 다를 바 없다.

　먼슨은 화라는 감정에 휩쓸리지 않으면서 여러 가능한 선택
들을 볼 수 있었다. 그녀는 남편이 중년의 고통스러운 위기에
깊이 빠져 있다는 것을 직감했고, 서로 헤어지면서 애들과 자
신에게 상처를 주지 않는 일이라면, 휴가를 가든지 어떤 일이
라도 하자고 제안했다.

화를 상대하는 3가지 방식

화를 내거나 화로 인해 어떤 행동을 하게 되면 살아가면서 가질 수 있는 선택의 폭이 급격히 줄어든다. 화나는 대로 행동하면 비이성적이 되고 그렇게 분노에 휩싸이면 일정한 자동적 반응이 나타난다. 오로지 화를 푸는 데만 집중한다. 이것은 분명하다. 하지만 감정의 극심한 고통 속에 있을 때는 이를 생각하지 못하기 때문에 자꾸 자동적 반응을 반복한다.

화를 품고 살아가면 삶을 지속적으로 한계 안에 가두게 된다. 현재뿐만 아니라 미래에까지 자신을 위한 더 나은 선택들을 포기하게 만든다. 경제학에서는 이를 가리켜 '기회비용'이라고 일컫는다. 우리가 시간이나 열정, 마음을 무언가에 투자했다면 받을 수 있었던 이익을 말한다.

화를 고착시키는 방식은 각자가 다르겠지만 일반적으로 아래 세 가지 경우로 나뉜다.

• 물러서기
• 복수하기
• 희생자인 척하기

누군가 발등에 벽돌을 떨어뜨리면 고통에 이어 화가 급격히 치솟는다. 무엇보다 타인이 나를 다치게 하지 않기를 바라는 마음은 당연하다. 그리고 실제로 격하게 내뱉는 욕설은 일시적으로 기분전환이 될 수도 있다. 중요한 문제는 이렇게 생겨난 화를 어떻게 처리할 것인가이다. 내 발은 이미 상처를 입었고 이를 되돌릴 수 없다. 그러나 내가 얼마나 오래 화가 난 상태로 머무르는지와 어떻게 이를 다스리는지가 나머지 인생에서 얼마의 비용을 지불할지 결정한다. 나는 화를 자기연민으로 돌릴 수 있다. '이런 일이 벌어지지 않았다면 훨씬 더 행복했을 텐데.' 아니면 길거나 짧은 기간 동안 대외활동을 취소하는 핑계로 사용할 수 있다.

아니면 복수에 집중할 수도 있다. "똑같이 갚아줄 때만 다시 행복해질 수 있어." 멜빌의 『모비딕』에 이런 어리석은 모습의 전형이 나온다. 다른 일에는 이성적인 능력을 발휘하는 인간이 자신의 인생을 고래에 복수하는 데 바친다. 그의 고집스런 집착은 고통과 자신의 죽음으로만 돌아온다. 불행한 선장 에이허브는 아마도 "잘사는 것이 최고의 복수"라는 말을 들어보지 못한 듯하다.

희생자인 척하는 자세는 화를 표현하는 간접적이고 의뭉스런 방법이다. 희생자 연기를 하는 사람은 상대방에게 죄책감을 주거나 복종하게 만들어 본인 의도에 따라 조정하려 한다. "네가 도착해서 전화를 하지 않은 건 괜찮아. 하지만 나는 너무 걱정돼서 밤새 한숨도 못 잤어." 희생자 코스프레를 택하면 인생 이야기가 이렇게 흘러간다. "내가 이렇게 선한 사람인데, 사람들은 내게 왜 이렇게 못되게 굴지?" 이런 관점은 좋은 의도로 보내는 몸짓도 악의적인 행동으로 색칠한다. 희생자 연기를 하는 사람을 사랑하는 것은 쉬운 일이 아니다.

◑ Exercise 10-1

오로지 화내는 데만 집중하는 바람에 혹은 화로 인해 관계가 틀어지거나 영원히 끊겨 올바르게 화에 대처할 수 없었던 경우를 적어보자.

~~~~~~~~~~~~~~~~~~~~~~~~~~~~~~~~

~~~~~~~~~~~~~~~~~~~~~~~~~~~~~~~~

~~~~~~~~~~~~~~~~~~~~~~~~~~~~~~~~

화가 반복되면 습관이 된다

불교에서는 화에 따른 행위를 하면 원인을 해결한 뒤에도 그 영향이 지속적으로 남는다고 본다. 카르마karma(業, 불교에서 중생이 몸과 입과 뜻으로 짓는 선악의 소행 혹은 전생의 소행으로 말미암아 현세에 받는 응보를 가리킨다-옮긴이)라는 불교의 개념을 통해 화와 이를 다스리는 선택들에 대해 살펴보자. 이 개념을 제대로 이해하는 것이 쉽지는 않다. 카르마라는 단어의 문자 그대로의 의미는 '행위'다. 그러나 원인과 영향이 작용하는 법칙에 관한 뜻이 내포되어 있다. 달라이 라마의 정의에 따르면, 카르마는 "우리가 개입하는 행위뿐만 아니라 그 반향"을 나타낸다.

달라이 라마는 살인에 따르는 카르마에 대해 『달라이 라마의 마음공부』에서 이렇게 말한다.

"그 행위 자체는 다른 존재의 생명을 빼앗는 것이다. 그리고 더 넓은 의미는, 물론 살인 카르마의 일부분으로, 희생자의 고통뿐만 아니라 그를 사랑하는 많은 사람들과 그에게 의지하는 존재들의 고통을 포함한다. 이 행위의 카르마는 또한 살인자에게 미치는 특정 영향도 포함한다."

그의 살인이 정당한지와는 관계없이 살인이라는 행위를 경험한 카르마 효과는 다음 살인 행위를 더 쉽게 만든다.

한편 디팩 초프라Deepak Chopra(인도 뉴델리 태생의 하버드대학교 의학박사이자 전 세계 35개국에서 2,000만 부 이상이 팔린 초대형 베스트셀러 작가—옮긴이)는 말한다.

"카르마는 행위이자 행위의 결과다. 원인과 그 영향은 동시적이다. 모든 행위는 에너지를 만들어내고 어떤 형태로든지 우리에게 다시 돌아온다. …… 모든 사람이 이런 표현을 들어봤을 것이다. '뿌린 대로 거둔다.' 확실히 행복하게 살고 싶다면 행복의 씨앗을 뿌리는 법을 배워야 한다. 그러므로 카르마는 의식적인 선택 행위를 내포한다."

어느 시점에서든지 우리는 거의 무한대의 선택 방향을 가진다. 우울하거나 들뜬 기분일 수도 있고 그 중간 정도의 상태일 수도 있다. 의식할 수도 있고 못할 수도 있다. 열정적으로 일할 수도 있고 일하기를 싫어할 수도 있다. 그런데 오로지 화를 내며 행동한다면 화려한 선택의 만찬은 거지의 밥그릇으로 줄어든다.

도로 위에서 항상 화가 나 있다면 더 많은 사고 위기를 겪거나 실제 사고가 난다. 자연히 더 많은 화를 내게 된다. 만약 사장에게 분한 마음을 품고 일을 엉성하게 처리한다면 해고로 이어질 수 있고 더 많은 화와 분노의 원인이 된다. 인간관계에서도 항상 주도적인 위치만을 차지하려 강변하면 더 많은 사랑을 받지 못하는 것을 의아해할 필요가 없다. 이렇게 상황들이 이어지고 계속된다. 우리는 의식하지 못하는 사이에 우리가 원하는 것들을 박탈당할 수 있는 조건을 스스로 만들고 있다.

우리는 화가 우리 선택의 폭을 좁히도록 놓아둘 수도 있고 화에 지배받지 않기로 선택할 수도 있다. 만약 직장에서 누군가 아니면 어떤 일 때문에 정말 화가 났다면 집에 도착해서도 화가 쉽게 풀리지 않는다. 그때 집을 들어서면서 행할 수 있는 여러 선택지가 존재한다. 아내에게 혼자 있고 싶다고 말한 후, 침묵 속에서 저녁식사를 하며 직장에서의 일을 되씹고 소파에 몸을 파묻고 축구경기를 시청한다. 아니면 아내에게 회사에서 기분 나쁜 일이 있었지만 당신과 함께 있으니 좋다고 말한다. 만약 아내가 회사에서의 일을 듣고 싶어 하면 자초지종을 말해줄 수 있다. 아니면 이렇게 말할 수도 있다. "이런, 정말 힘든 날이었어. 더 이상 생각하기 싫은데 당신이 저번에 얘기한 영화를 보고 외식이라도 할까?" 분명히 이런 선택들이 존재함에도 우리의 습관적인 행동 패턴이 그런 선택들이 있다는 사실을 망각하게 한다. 언제나 그렇듯이 다른 선택을 할 수 있는지 없는지는 본인 손에 달려 있다.

어느 분기점에서든 우리는 많은 선택지와 방향을 가지고 있다. 우리는 창조적으로 움직일 수 있다. 진정한 자신의 모습으로 살아라. 정말 원하는 것을 위해 도전해라. 우리가 할 수 있는 선택들을 양자택일이나 대체물로, 즉 개별적으로 보지 말고 가능성과 전략의 우주로 바라보는 것이 중요하다.

선택은 내가 한다

우리는 화가 날 때 무엇을 할지, 화를 표현할지 말지를 선택할 수 있을 뿐만 아니라 화라는 감정 자체를 선택하지 않을 수도 있다. 우리에게는 화가 나 아닌 타인 때문에 생겨나고 그래서 통제가 불가능하다는 생각이 너무 뿌리 깊게 박혀 있다. 그래서 이렇게 말한다. "아, 그 여자 때문에 열 받네!" 우리는 무슨 이유인지는 모르겠지만 다른 사람이 본인을 건드렸고 그래서 자신은 죄 없는 희생자라고 생각한다.

화가 났다면 무언가 문제가 있다는 신호다. 만약 우연히 소행성과 충돌했다거나 테러 현장에서 다친 경우라면 단지 잘못된 시간에 잘못된 장소에 있었기 때문이다. 그러나 만약 그런 경우가 아니라면 본인이 화가 난 원인이 방어본능(아픈 곳을 찔려서)의 발동이거나 어떤 상황에 잘못된 방식으로 개입해서 문제가 발생한 것은 아닌지를 살펴봐야 하는 경고음이다. 이 책을 읽기 전에는 화를 낼지 안 낼지는 본인의 통제 밖이라고 생각했을 수 있다. 그러나 이제는 많은 선택의 폭이 있다는 사실을 명확히 인식하고 있어야 한다.

내 친구가 해준 이야기가 있다. 그가 심각한 재정상 곤란을 겪고 있을 때 아내가 기세 좋게 주말 쇼핑을 나가 2만 달러의 계산서를 들고 들어왔다. 처음에 그는 너무 화가 나서 이혼하자고 말하려 했다. 하지만 이내 자신이 아내에게 최근의 재정상의 어려움을 말하지 않았다는 사실을 깨닫게 됐다. 그가 상황을 설명하자 그녀는 즉시 모든 방법을 동원해 환불을 청구했다. 다행히 구매 물건에 대한 환불 요청이 모두 자동적으로 처리됐다. 남편이 화를 표현하지 않고 대신 상황을 설명한 덕분에 아내와 무사히 일을 처리할 수 있었고 그들의 관계는 더 돈독해졌다.

아무런 잘못이 없다고 하더라도 화를 내지 않는 것이 가장 이롭다. 로라 먼슨의 경우를 보더라도 알 수 있다. 몇 달에 걸쳐 먼슨은 남편의 적대적이고 신뢰할 수 없는 행동을 무던하게 견뎠다. 그러던 어느 날 집에 돌아와 집 마당의 잔디를 깎고 있는 남편을 발견했다. 원래의 남편 모습으로 돌아온 것이다. 로라 먼슨은 마치 성인聖人처럼 행동했다. 하지만 그녀는 성인이 아니다. 그녀는 영리하게 행동했을 뿐이다.

"내 남편은 거래를 시도했어요. 자신의 고통을 내 탓으로 돌리려 했죠. 개인적인 공황심리를 내게 떠넘기려 한 겁니다." 그녀는 남편이 적대적이고 신뢰할 수 없는 행동과 말을 했을 때 거기에 의미를 두지 않았고, 그래서 화가 나지 않았다. 그리고 이는 훌륭한 대처였다.

우주 전체를 상대하지 마라

앞서 우리는 우주 안에 존재하는 모든 것이 원인과 결과로 거미줄처럼 얽혀 있다는 개념을 이야기했다. 이 말은 우주 안에서 일어났던 그리고 일어나고 있는 모든 일이 현재에도 영향을 미치고 있다는 의미다. 빅뱅으로 시작되어 점액질이 아메바의 개헤엄이 되고, 공룡이 나타났다가 전멸하고, 콜럼버스가 (아니면 누구든지) 아메리카를 발견한 일로부터 어제 그리고 방금 우리가 한 일까지에 더해 브라질 어느 나비의 날갯짓과 화성에 내리는 첫 번째 이슬, 당신 적수의 증조부, 고조부, 고고조부가 몇

세기 전에 한 일이 얽혀 지금 이 순간을 만들어냈다. 그래서 우리가 관여된 어떤 행위에 대해 불공평하거나 용납할 수 없다고 판단할 때 그 효과 면에서 우주 전체를 상대하고 있는 것이다. 이 전투에서 우리가 승리할 공산은 그리 크지 않다.

이미 벌어진 상황에 대해 무섭게 화를 낼 때 우리는 두 가지 사실을 무시하고 있다. 첫째는 일어난 일이 좋은 일이 될지 나쁜 일이 될지 알 수가 없다는 점이다. 그리고 둘째는 이를 바꿀 수가 없다는 점이다. 여기서 논의의 핵심은 일어난 일을 우리가 좋아하는지 여부가 아니라 이미 일어난 일 자체를 없던 일로 되돌릴 수 없다는 것을 이해하고 있느냐 하는 것이다.

그러나 우리는 어떻게 반응할지는 선택할 수 있다. 과거에 일어났던 일들과 현재 일어나고 있는 일들이 지금 이 순간에 영향을 미치고 있듯이 우리가 생각과 행동, 말을 어떻게 할지 선택하는 것 역시 전체 우주의 과거, 현재, 미래에 영향을 미친다. 만약 방금 일어난 일이 마음에 들지 않는다면 본인 인생 드라마의 다음 장면을 결정적으로든 미세하게든 변화시킬 기회가 있다. 인간의 지능은 본능이나 습성 이외의 다른 방법으로 반응할 수 있는 힘을 부여한다. 지능은 선택할 수 있는 힘이다. 화는 이성적 사고를 마비시킨다. 그리고 선택의 폭을 줄인다. 그러나 이성의 힘을 총동원해 화나 습관에 따라 행동하지 않기로 선택하면 미래에는 좋아하는 일들이 일어날 확률이 높아진다.

심리분석가인 윌러드 게일린Willard Gaylin은 『말로는 충분하지 않아 Talk Is Not Enough』에서 "자신의 고통을 스스로 만들어낸다는 점을 인식하는 것은 크게 도움이 된다. 우리는 그저 수동적인 희생자가 아니라는 점을 알 수 있다. 우리는 힘이 없는 것이 아니다"라고 말했다. 우리는 현재 삶 속의 고통을 만들어내는 데 사용하는 힘을 행복을 가꾸는 데 사용할 수 있다.

11장

화에서 연민,
관용, 용서로

연민을 가진다는 의미가 자신을 희생하거나

고통스럽게 만드는 것이 아니라고 하면

모순돼 보일 수도 있다.

그러나 연민은 오직 행복한 마음에서만 생겨난다.

그러므로 무엇보다 우리는

반드시 자신을 연민하고 사랑해야 한다.

로버트 서먼은 이렇게 말한다.

그러면 화의 날것 그대로 중립적인 에너지가, 타오르는 분노의 불길이, '평화로운' 원자의 힘이, 스스로 강력한 도구가 된다. 집을 따뜻하게 하고 어둠을 밝히며 무지의 연대를 불태운다. 연민은 다른 존재들의 고통을 파괴하기 위해 이 불길을 맹렬한 기세로 휘두를 수 있다. 화는 대개 불길을 독점해서 해로운 흉기로 변화시킨다.

그러나 …… 우리는 그 불길을 지혜롭게 휘두르고 창조적인 도구로 사용할 수 있다.

우리의 일상은 지리멸렬하고 못마땅한 일로 가득하다. 그 가운데서도 화는 가장 비이성적이다. 매일 습관적으로 내는 화는 자신의 행복을 파괴한다.

앞서 1장에서 우리는 '주차장 사건'을 예로 들어 화에 관한 이야기를 시작했다. 이를 통해 화가 어떻게 발생하는지, 어떻게 우리가 화의 원인과 조건에 일조하는지, 그리고 자신과 타인의 삶을 영구히 불행하게 만드는 이토록 강력한 생각과 감정을 어떻게 통제할 수 있는지 등을 조명해봤다.

다음 단계는 화를 연민으로 바꾸는 것이다. 어쩌면 이것은 거대한 비약처럼 들릴 수도 있다. 사실 그렇다. 우리의 일반적 사고방식과 사회적 기준에서 너무나 거리가 멀기 때문에 바보스러워 보이는 것이다. 그렇다면 이런 변화는 어떻게 일어날 수 있을까? 어디서부터 시작을 해야 할까?

연민으로 가는 3단계

주차장으로 돌아가보자. 내가 "지프 운전자와 소 한 마리의 어떤 차이가 당신을 그토록 화나게 만드나요?"라고 물으면 거의 모두가 비슷한 대답을 한다. 소는 해를 끼칠 의도가 없지만 사람은 그렇지 않기 때문이라고 말이다. 하지만 우리는 지금까지 행위나 사고의 습관성에 대해서, 그리고 대부분의 사람들이 상대방의 마음을 잘못 인식한다는 점에 대해 살펴봤다. 이 모든 것을 감안하더라도 이렇게 추정하는 것이 과연 사실과 부합하는 생각일까?

따라서 화를 변형시키기 위한 첫 번째 단계는 '의도'에 질문을 던져보는 것이다. 실상 지프 운전자는 오로지 비어 있는 주차 공간을 찾으려는 자신의 목적에만 집중했다. 다른 사람이 기다리고 있다는 사실을 전혀 몰랐을 수도 있다. 아니면 서로 반대쪽에서 다가갔기 때문에 지프 운전자가 실제로는 더 먼저 기다리고 있는 것을 내가 보지 못했을 수도 있다. 그리고 그가 해를 끼치려는 마음이 있다고 생각하는 것은 일종의 독심술이 아닌가? 어쩌면 지프 운전자의 아이들이 아파서 급하게 약국을 찾고 있는 중이었을 수도 있다.

가장 가능성이 높은 추리는 다른 사람과 마찬가지로 지프 운전자도 주차장에 차를 세울 권리가 동등하게 있기 때문에 누군가의 자동차 경적이 그의 아픈 곳을 찌른 경우다. 말하자면 경적을 울린 사람도 공격적인 행위를 통해 사건의 발생에 일조를 한 것이다. 이와 같이 의도적인가 의도치 않았는가의 차이는 우리가 생각하는 것처럼 그렇게 분명하지는 않다. 우리는 상대방의 생각을 알 수 있다고 믿지만 일반적으로 그렇지 못하다.

연민으로 가는 두 번째 단계는 매사에 감사하는 것이다. 그 사건으로 발생한 사태가 더 악화되지 않은 것에 감사해라. 그가 차를 충돌해올 수도 있었고 차에서 내려 공격해올 수도 있었다. 또 한 가지 감사할 일은 본인이 화를 참았고 더 이상의 행위에 나서지 않았다는 것이다. 어떻게든 평정심을 유지했고 이는 스스로가 만들어낸 감사할 일이다. 빨갛게 달궈진 석탄을 집어 들지 않은 것이다.

이런 무례한 사람과의 만남이 길지 않았다는 것 또한 행운이다. 우리는 단지 몇 분간만 그와 일을 겪으면 됐지만 그 자신은 평생을 하루 24시간 자신의 화와 더불어 살아야 한다. 우리는 선택을 통해 화를 흘려보내는 방법을 알고 있다. 반면에 그는 상대방의 무례한 경적소리에 대한 화로 계속 속을 끓이고 있을 것이다.

이 시점에서 세 번째 단계로 옮겨가는 것이 쉬워져야 한다. 그를 연민을 가지고 바라보려는 시도를 해보자. 화가 되돌아오고 또 화가 기분을 망치기 때문에 우리가 화를 내지 않기로 선택하는 것도 나쁘지 않은 출발이다. 그러나 화의 원인이라고 생각되는 상대방에게 감정이입할 수 있다면 본인이 화에 중독되거나 공격적인 성향을 키우기보다는 그들과 우리가 살고 있는 세상에 대해 연민을 느낄 수 있다.

일단 지프 운전자가 살아가는 모습들을 상상하는 것으로부터 시작할 수 있다. 우리는 이미 그가 이런저런 고통을 야기하는 화의 손아귀에 잡혀 있다는 것을 알고 있다. 그는 우리가 예상할 수 있는 결과로 이어지는 행동 성향을 나머지 삶의 부분에서도 가져갈 것이다. 만약 그의 감정 표현의 주된 방법이 화라면 그에게는 모든 상황이 쉽게 다가오지 않는다.

아니면 이를 다른 방법으로 바라볼 수 있다. 그는 정말로 우리와 다른 인간인가? 그도 우리와 마찬가지로 행복하기만을 원하는 인간이라는 사실을 우리는 미루어 짐작할 수 있다. 아마도 우리처럼 그도 대체로 예의를 지키지만 그 당시의 어떤 복잡한 심경 때문에 화에 굴복할 수밖에 없었을 것이다. 아마도 아픈 아이 때문에 어쩔 줄 모르는 상태였을 것이다. 아마도 공격적인 아버지를 두어 학대를 받아 그런 식으로 행동하도록 길들여졌을 것이다.

어느 현자가 집에 돌아와 헛간에 숨어 있는 도둑을 발견하는 내용의 우화가 있다. 도둑은 훔쳐갈 물건이 없어 화가 나 있었다. 현자는 도둑에게 미안한 마음을 느껴 자신의 가사袈裟를 벗어 주었다. 도둑은 낡고 해져서 넝마가 된 옷을 던져버리고 밤의 어둠 속으로 성이 난 채 뛰쳐나갔다. 현자가 따라 나와 자리에 앉자 달이 지평선 위로 떠올랐다. "불쌍한 사람, 저 달을 그에게 선물할 수 없어 안타깝구나."

자 이제, 눈을 감고 주차장의 장면을 떠올려라. 지프 운전자는 주차자리를 도둑질한 후 그가 할 수 있는 최대한의 공격적인 몸짓을 했다. 그 순간 처음 느껴지는 화를 뒤로 흘려보내고 그의 인생을 상상해보라. 이 우화에 등장하는 현자의 예를 따라 그에게 주차자리를 양보해라. 그가 빗발치는 분노 속에서 조금의 행복이라도 얻게 되기를 기원해라.

관용과 용서

　물론 이 세상에 널려 있는 큰 불행들에 비해 주차자리를 뺏기는 것은 별일이 아니다. 사람들은 날마다 살해된다. 의도적으로 살해되기도 하고 다른 이의 부주의로 죽음을 맞기도 한다. 그들을 사랑하는 사람들에게 그런 행위는 용서받기 힘들다. 그런데도 용서를 하는 사람들이 있다. 오클라호마 폭탄테러에 희생된 사람들의 가족들 중 일부는 티모시 맥베이를 용서했다. 그리고 그가 사형되지 않기를 바랐다.

　중국은 티베트를 점령했다. 그들은 많은 사람을 고문하고 죽였으며 고대의 불교사원과 고유한 문화의 정교한 유물들을 파괴했다. 이런 현재진행형인 침략에도 불구하고 달라이 라마는 날마다 이런 행위와 관련된 사람들의 참된 삶을 위해 경문을 읽는다.

　불행히도 화를 연민으로 바꿀 수 있는 기회는 무한대로 존재한다. 신중해야 한다. 공격 의사를 가지고 자신에게 정신적으로, 물리적으로 상처를 준 사람에 대한 화를 연민으로 바꾸는 일은 쉽지 않다. 그럼에도 우리는 그렇게 할 수 있는 명확한 방법론을 알고 있다. 8세기에 지어진 놀라운 작품 『보살의 삶을 위한 안내서A Guide to the Bodhisattva Way of Life』에서 인도의 현인 산티데바는 왜 그리고 어떻게 이를 행해야 하는지에 대한 정확한 가르침을 펼쳐놓았다.

불교적 관점에서 화는 법률을 어기거나 계명을 위반하는 것과 같은 서구적 의미의 죄는 아니지만 감정의 중독으로 간주된다. 화는 자극이나 짜증, 반감 혹은 그런 감정들의 원인에 대해 공격적인 방식으로 갑자기 폭발하게 하는 강한 무언가에 의해 발생한다.

"당신은 '화를 표현'하고 있지 않다. 단지 화의 비자발적인 도구가 됐을 뿐이다"라고 로버트 서먼은 말한다. "화의 반대말은 연민과 사랑이다. 다른 이가 고통받지 않고 행복할 수 있도록 도우려는 의지다." 이는 기독교의 수많은 성인들과 아라한阿羅漢이라 불리는 불교의 깨달음에 이른 존재들이 추구하는 바와 비슷하다.

하지만 서먼은 나약한 존재인 인간에게 화와 증오로부터 즉시 연민과 사랑으로 변화하라고 강변하는 것은 너무 극단적인 주장이라고 말한다. 관용과 용서라는 중간 단계가 있다. 따라서 긍정적인 해결책은 그러한 덕목을 실천하는 것이다.

화가 일어나는 정신적 작용 단계를 살펴보면 감정이 본인을 사로잡기 전에 끼어들 수 있는 틈이 존재한다. 산티데바는 이렇게 말한다.

화는 심리적 불편 속에서 먹잇감을 찾는다.

나는 느낀다. 원하지 않은 일을 마주했음을.

그리고 원하는 일을 방해받았음을.

그러면 화는 폭발하고 나를 압도한다.

"핵심 비결은 심리적 불편을 해소하기 위해 정신적으로, 말로, 육체적으로 개입하는 것이다. 힘을 내어 적극적으로 상황에 끼어들어라. 화가 폭발하여 그것을 제어할 수 없고 오히려 그것의 도구가 되기 전에 이렇게 하는 것이 화를 피하는 좋은 방법이 된다"라고 서먼은 말한다. 때때로 상황이 다른 방식으로 흘러갈 수 있게 개입할 수도 있다. 일상의 통근길에 차가 밀리기 시작할 때 도로의 진출램프에서 빠져나와 다른 길을 택할 수 있다.

누군가 지갑을 잡아당기는 것을 느꼈다면 돌아서서 소매치기에게 지갑을 돌려달라고 요구할 수 있다. 그러나 종종 우리는 그렇게 하지 못한다. 그럴 때 내면에 집중해 화가 발생하기 전에 개입해야 한다. 이미 악화된 상황에서 빠져나올 수 없다면 좌절에 화를 더 얹어봐야 무슨 의미가 있는가.

일단 화가 치솟았다면 세 가지 해결 방안이 있다. 서먼은 이 방안들을 '관용적 인내', '통찰적 인내', '용서적 인내'라고 부른다.

첫째, '관용적 인내'를 페마 초드론은 이렇게 설명한다. "불편을 대하는 자세를 재구성하는 것." 만약 보복하지 못해서, 공격을 돌려주지 못해서 받는 고통을 견딜 수 있다면 단계적으로 관용과 참을성을 계발할 수 있고 이는 자유로 이어진다. "내면의 열기, 심술부리고 싶은 충동, 고함, 주먹질, 누군가를 공격하려는 마음과 함께 머물러 있어라"라고 그녀는 『마음을 열고 평화롭게Don't Bite the Hook』에서 말한다.

욕설을 돌려주고 싶은, 술을 마시고 싶은, 또는 다른 중독적 행위에 빠지고 싶은 충동을 시험해보라. 함께 머물며 견디면 이는 헐거워진다. 내면에 붙들고 더 이상 구실을 만들지 않으면 감정이 일시적일 뿐이며 곧 사라진다는 것을 알 수 있다. 사실 여기에는 어떤 종류의 감정이든 그 수명이 겨우 1분 30초에 불과하다는 과학적 증거가 있다. "그 시간이 지나면 감정을 계속 끌고 가기 위해서 감정의 원인을 다시 불러와야만 한다"고 초드론은 말한다.

산티데바는 큰 화를 다스릴 수 있으려면 작은 화부터 다스리는 연습을 해야 한다고 충고한다. "사소한 불편을 참아내며 큰 역경을 견뎌낼 수 있는 훈련을 스스로 한다."

어떤 종류의 "사소한 불편"을 의미하는가? 산티데바는 뱀과 곤충에게 물리는 고통, 극심한 갈증과 허기, 짜증나는 가려움 등이라고 썼다. 어느 티베트 스승은 현대사회에는 '부르주아의 고통'이라고 부르는 사소한 골칫거리들이 존재한다고 말한다. 휴대폰으로 걸려오는 무례한 전화들이나 갑자기 먹통이 되는 컴퓨터, 기한 없이 기다리게 만드는 AS 자동응답전화, 우체국에서의 긴 줄, 식당에서 소란을 피우는 아이들, 그 외 일상생활 속의 셀 수 없이 짜증나는 문제들을 통해 자신을 훈련시킬 수 있다.

"감정과 전쟁을 하라는 것이 아니다"라고 초드론은 말한다. "돌처럼 굳어 있지 말고 정신과 마음의 문을 여는 것이다." 편안하게 할 수 있는 일이 아니고 용기가 필요하다. "용기는 안이함의 반대말이다"라고 그녀는 말한다. 이제 아드레날린 중독으로 이어지기 전에 화와 짜증을 치료하고 참을성을 기르자.

둘째, 마음을 다스리려면 '통찰적 인내'를 가져야 한다. 마음챙김을 통해 통찰력을 기르고 자제력을 계발한다. 화는 문제되는 상황에 즉각적으로 대입되는 다음과 같은 관념의 프레임 속에서 항상 작동한다. 즉 누군가 잘못을 했거나 나와 의견이 맞지 않는다거나 누군가가 나쁜 사람이라는 프레임이다. 앞 차가 길을 막고 교통을 방해하면 우리는 운전자가 생각 없이 바보 같은 휴대폰 통화를 하고 있다고 추측한다. 그러다가 실제는 도로 위로 갑자기 뛰어든 아이 때문에 차가 멈추어 있다는 것을 알게 된다.

언젠가 새 아파트로 이사를 갔는데 침실 위층에서 누군가 가구 같은 물건을 질질 끄는 소리를 내는 통에 며칠 밤을 연달아 새워야 했다. 나는 위층으로 올라가 짜증 섞인 목소리로 문을 열어준 사람에게 물었다. "아니 왜 한밤중에 가구를 그렇게 옮깁니까?" 그때 그녀 뒤쪽으로 무거운 몸집의 할머니가 보행을 도와주는 보조기구가 옆에 놓여 있는 침대에 누워 있는 것이 보였다.

나는 즉시 상황을 이해했다. 미안한 마음에 나는 성의를 다해 사과했다. 그리고 다음 날 그녀 집 문앞에 건강을 비는 쪽지와 함께 화분을 남겼다. 그녀는 답례로 보조인의 도움을 받아 힘든 걸음으로 직접 찾아와 초콜릿 한 박스를 내게 건넸다. 그렇게 우정은 시작됐다.

비슷한 사례가 있다. 어느 대학교의 교수들이 학과회의 때마다 곯아떨어지는 동료 때문에 화가 난 상태였다. 그들은 그 교수가 모두에게 모욕을 주고 있다고 생각했다. 나중에 그가 기면증(주간에 참을 수 없이 졸음이 몰려오고 렘수면의 비정상적인 발현을 보이는 질환–옮긴이) 진단을 받자 그에게 모욕 의사가 전혀 없었다는 것을 깨닫게 됐다.

누군가의 행위 뒤에 악의가 숨어 있다고 하더라도 우리는 시각을 넓혀 이를 이해할 수 있다. 우리처럼 모든 이가 성장과정에서 형성된, 또는 사회가 주입하는 왜곡된 관념의 소유자들이고 모든 행위는 복합적 원인이 작용해 이루어진다는 점을 알 수 있다.

세계적 베스트셀러인 『앵무새 죽이기To Kill A Mockingbird』에서 마을의 주정뱅이인 밥 유웰은 자신의 딸을 강간한 혐의로 기소된 흑인을 대리하는 변호사 애티커스 핀치의 얼굴에 침을 뱉는다. 그러나 애티커스는 그 자리에서 사태를 악화시키지 않고 평온한 표정으로 유웰을 바라본다. 초드론은 이 유명한 장면을 인용하면서 이렇게 말한다. "이 세상에는 누구도 독자적으로 나쁜 사람은 없다. 미국 남부의 전체 문화가 그가 내뱉은 침으로 나타났고 그것이 유웰의 인생관이 되었다. 그는 그렇게 길러진 것이다."

이렇게 통찰력을 이용해 어떤 상황에서든 복합적인 현실을 숙고할 수 있다. 그리고 상황이 왜 그렇게 되었는지 되돌아볼 수 있다. "비행기가 뉴욕의 쌍둥이 타워를 향해 돌진할 때, 정말 단지 몇몇 나쁜 개인들만의 책임일까?"라고 그녀는 묻는다. "아니면 일련의 복합적인 원인과 상황들이 합쳐진 결과일까?"

누군가 우리 얼굴에 침을 뱉는다면, 도저히 그를 향해 연민을 품을 수 없다면, 자신을 향한 연민을 느껴라. 적어도 화는 자제해라. "중독적인 충동에 굴복하지 마라. 자신과 대화를 해라. '이 사람은 문제를 겪고 있구나. 이 사람도 근본은 선하겠지만 문제를 겪고 있어. 내가 왜 화를 내야 하지?' 그래도 화가 난다면 마치 흘러가는 구름처럼 여기고 이를 화라는 질병의 일시적인 재발이라 생각해라." 그리고 떠나보내라.

통찰은 이런 상황이 실제로는 본인 자신과 자신의 적 사이의 대결, 죄가 없는 자신과 나쁜 사람의 대결이 아님을 깨닫게 해준다. 서먼은 이를 깨달을 때, "모든 것이 초현실성과 유동성을 띠기 시작한다. 그리고 다른 수준의 폭넓은 대응을 할 수 있다"

라고 말한다. 사물을 여러 각도에서 관찰하면 큰 인내심을 발휘할 수 있다.

용서하는 인내

화를 연민으로 승화시키는 길은 멀고도 길다. 수많은 덤불과 거짓 갈림길을 통과하여 물러서기도 하고 추락한 뒤에도 다시 길을 찾아야 한다. 불교의 승려들은 이를 공부하고 명상을 하는 데 일생을 바친다. 세상의 모든 존재와 자신의 에고ego가 일체라는 깨달음을 얻기 위해 수행한다. 그럼에도 연민이라는 깨달음으로 향할 수 있도록 도와주는 방법들은 존재한다. 비록 우리 자신이 세상과 연관돼 있고 우리를 해치려는 사람들이 있더라도 가능하다.

명상은 지금 현재를 살 수 있게 해줄 뿐만 아니라 살아간다는 것의 본질과 인과因果를 살필 수 있도록 도와준다. "오직 욕망을 충족시키고 불편을 피하려는 본능 속에 살아가는 삶을 변화시키려는 과정이 명상이라는 말을 사용할 때 의미하는 바다"라고 달라이 라마는 말한다.

"낡은 사고의 힘을 약화시키고 새로움을 추구하는 방법이다." 그가 정의했듯이 명상은 단지 자리에 앉아 마음을 비우는 좌선만을 의미하는 것이 아니다. 달라이 라마는 새로운 아이디어와 정신적 자세를 자신의 것으로 만드는 수단이라는 의미로 '분석적 명상'이라 부른다. "음악가가 손을, 운동선수가 반사신경과 기술을, 언어학자가 귀를, 학생이 자신의 지식을 단련하듯이 그렇게 우리는 마음과 정신을 지휘한다." 주제를 찾고 이를 정신적으로 탐구하는 모든 과정은 명상이라는 형태로 사고되어져야 한다.

그래서 어떤 의미로는 이 책을 읽는 행위 또한 명상이다. 그러나 그저 읽는 행위로는 부족하다. 부처는 말했다. "단지 내가 말한다고 해서 무조건 받아들이지는 마라." 우리는 그의 가르침을 스스로 겪어 시험해보고 실행해본 뒤에야 진실로 받아들일 수 있다.

우리가 인내와 용서를 실험할 때 어떻게 내면에 평화가 깃들고 주변환경을 조화롭게 하며 타인에 대한 존중의 마음이 생기는지 관찰할 수 있다. 또한 타인의 고통을 인식하고 이를 공감하려는 의지를 가짐으로써 연민을 공부할 수 있다. 연민을 상징하는 불교적 이미지로 '물에 떠내려가는 자식을 바라보는 팔이 없는 엄마'가 있다. 그 여자의 마음이 어떠할지 상상을 해보면 몹시 고통스럽다.

연민을 가진다는 의미가 자신을 희생하거나 고통스럽게 만드는 것이 아니라고 하면 모순돼 보일 수도 있다. 그러나 연민은 오직 행복한 마음에서만 생겨난다. 그러므로 무엇보다 우리는 반드시 자신을 연민하고 사랑해야 한다. 불교에는 마이트리

maitri라는 개념이 있다. '자신과의 조건 없는 우정'이라고 번역되는 산스크리트어다.

자기비판과 자기계발에 항상 열심인 사람들에게는 이에 대해 잠시 멈춰서 생각해보는 일조차 힘들지 모른다. 마이트리는 자신에게 느긋할 수 있음을 의미한다. 자신의 마음과 몸을 편안하게 느끼고 자신의 근본적인 선의를 느끼는 것이다. 그것이 행복의 씨앗이다. 어떻게 이를 얻을 수 있는가? 역설적이게도 이는 우리 삶의 고통을 해결하려 몸부림치지 않을 때 이뤄진다. 우리는 모두 불가피하게 늙어가는 고통, 죽음에 대한 공포, 사랑하는 사람을 잃는 아픔 등을 겪는다. 그리고 이런 고통을 피하고 싶은 마음은 당연하다. 그러나 우리가 그런 고통들을 삶의 일부로 받아들이고 본인 마음의 연약함을 감내한다면 자신에 대한 연민을 느낄 수 있다.

페마 초드론은 타인의 고통에 눈을 뜨기 위해서는 종종 우리 자신의 슬픔과 비애가 필요하다는 것을 깨달았다. 자신의 어머니를 잃은 슬픔은 인간이 공유하고 있는 숙명(우리 모두는 죽음을 맞이하고 사랑하는 이를 떠나보낸다)에 대한 커다란 연민을 느끼게 했다. 두 번째 결혼에 실패하고서는 다른 사람들에 대한 가식 없는 애정을 느끼고 스스로도 놀랐다. "나는 가게점원과 자동차 정비공, 거지, 아이들의 눈을 찬찬히 들여다볼 수 있었고 동질감을 느꼈어요." 그녀는 어떻게 한 여자가 자신의 아이를 잃은 후, 세상에 존재하는 아이를 상실한 다른 엄마들에 대해 크나 큰 연민을 느끼게 됐는지에 대해 이야기했다. 여기서의 교훈은 우리가 느끼는 연약함, 여린 마음의 허약함이, 만약 이를 피하기 위해 마음의 문을 닫아버리지 않고 간직한다면, 연민과 사랑에 눈을 뜨게 해준다는 것이다.

연민을 깨닫는 위대한 일은 쉽게 이뤄지지 않는다. 그러나 우리는 '부르주아의 고통'과 삶 속에서 일어나는 작은 상실들을 이용해 타인들을 공감하는 길로 나아갈 수 있다. 최근에 나는 지갑을 소매치기 당했다. 소매치기를 당하는 순간 나는 이를 느꼈다고 생각한다.

나는 사람들로 번잡한 인도를 걷고 있었다. 그때 어떤 젊은 남자가 내게 부딪혀왔다. 그는 현금 100달러와 운전면허증, 신용카드가 들어 있는 내 지갑을 훔쳤다. 애리조나 주에서는 사회보장번호를 운전면허증에 기재하기 때문에 개인정보가 도용될까 두려웠다. 그래서 신용카드회사에 분실신고를 하고 다른 기관들에도 연락해서 새로운 면허를 받아야 되는 등 성가신 일을 해야만 했다. 조금만 더 주의를 기울였더라면 소매치기를 막을 수 있었을 거란 느낌이(나는 소매치기범이 다가오는 것을 봤고 지갑에 손을 대는 느낌도 받았다) 나를 더욱더 비참하게 만들었다. 그러나 나는 비참함에 화와 분노를 더하는 대신 내가 배운 바를 연습해보기로 했다.

일단 산티데바의 가르침에 따라 내게 화를 다스릴 수 있는 기회를 준 소매치기범에게 '마음으로 감사하기'를 시작했다.

스스로 얻고자 한 아무런 노력도 없이

보물이 내 집에 떨어지듯이,

내게 적이 있음을 행복해야 한다.

깨달음의 수행에 그는 내게 도움을 주기 때문에.

그런 후 통찰력을 얻기 위해 나는 소매치기범의 의도와 동기가 무엇일까 관심을 기울였다. 첫 번째 생각은 '그가 아마도 약을 살 돈이 필요한 마약중독자이거나 어쩌면 정신질환 때문에 일자리를 구할 수 없어 먹을 것과 잠잘 곳이 필요하지 않았을까'였다. 그때 신문에서 읽었던 기사 하나가 떠올랐다. 편의점에 들어간 한 강도의 이야기다. 강도는 자신이 들고 있는 총에 놀라서 실신 직전의 상태로 흥분한 점원을 오히려 위로했다. 그는 그녀에게 자기는 일자리를 찾을 수가 없어 가족들에게 음식을 사다줄 20달러만 현금출납기에서 꺼내 가면 된다고 이야기했다.

강도마저도 연민을 보여주는데 나라고 못할까? 그 소매치기범이 내 적은 확실한가? 나는 그가 내게 돈을 요구하고 자유롭게 돈을 그에게 주는 장면을 상상했다. "주는 자가 감사해야 한다"는 우화를 떠올리고 소매치기범에게 연민을 위한 이런 훈련을 할 기회를 준 것에 대해 다시 감사했다.

나중에 확인해보니 그는 내 개인정보를 이용하지 않았다. 신용카드도 사용하지 않았다. 그런 일들이 일어날 것이라고 생각한 예상과 다른 사람들에 대한 추측은 모두 내 잘못된 관념일 뿐이었다.

다시 한 번 나는 소매치기범을 생각하고 '입장 바꿔보기'라는 방법을 적용했다. 나는 눈을 감고 나를 공격했던 사람이 되어 길거리를 걸어가는 상상을 했다. 날씨는 춥고 입고 있는 코트는 그리 따뜻하지 않았다. 나는 직장을 잃었고 일용직이라도 얻으려 길모퉁이에서 몇 시간을 기다렸지만 나를 원하는 사람은 없었다. 빈손으로 집에 가야 한다는 생각에 비참한 기분이 들었다. 아내는 하루 종일 집안일에 시달리면서도 아이들에게 음식을 사줄 수 있는 돈을 내가 벌어오기를 기다리고 있을 것이다. '저기 길 위의 부자들을 봐.' 나는 혼잣말을 한다. '저들에게 내 문제는 아무 일도 아니겠지. 저기 뒷주머니에 지갑을 찔러 넣고 걸어가는 옷 잘 입은 녀석이 있네. 나는 저 지갑이 정말 필요한데.'

그 남자의 입장에서 생각해보니 지갑을 잃은 내 고통은 사소하게 느껴졌다. 우리 사회는 나 같은 유복한 환경에서 자란 사람이 법학대학원에 진학하고 좋은 직장을 얻을 때 다른 사람은 생존을 걱정해야 하는 환경을 만들어냈다. 그의 고통을 공감하면서 나는 연민이 느껴졌고 가능하면 그가 범죄수단에 의지하기 전에 그를 도와줄 수 있기를 바랐다. 불쌍한 사람, 만약 다른 사정이 있었다면 나도 그가 될 수 있었다고 생각한다.

일상생활에서 상황을 좀 더 넓은 시각으로 이해하기만 해도 화를 연민으로 바꿀 수 있다. 데이비드 슈나이더는 말하자면 이런 방식이라고 설명한다.

"예를 들어, 양육자가 되고, 아이 등을 찰싹 때리고 싶은 충동이 어떻게 생겨나는지 이해하게 되고(수면 부족, 힘든 인간관계, 끝없이 보채는 아이, 소음, 혼잡, 밀실공포), 어떻게 본인이 어릴 때 매를 맞게 되었는지를 이해하게 되고, 본인을 때린 양육자를 용서하게 된다. 그렇게 그것을 받아들이고 이해하고 마음이 풀리면서, 우리는 더 가볍고 깨끗한 상태가 된다. …… 그리고 동시에 자신이 얼마나 보채는 아이였는지, 식성이 까다로웠는지, 불평이 많고 잠을 안 잤는지 등을 기억하게 되고, 당연히 그 아이 역시 용서하게 된다. 그렇게 십대 아이가 변화하는 순간에 대해 더 포용적이 되고 아마도 더 현명하게 대처할 수 있게 된다."

마야 안젤루(미국의 시인이자 소설가. 토니 모리슨, 오프라 윈프리 등과 함께 미국에서 가장 영향력 있는 흑인 여성 중 한 명으로 꼽힌다—옮긴이)는 『새장에 갇힌 새가 왜 노래하는지 나는 아네 I Know Why the Caged Bird Sings』에서 적의 입장을 이해하는 다른 방법을 제시한다. 그녀는 어린 시절에 샌프란시스코에서 운행되던 전차의 첫 번째 흑인 차장이 되기로 결심했다. 전차회사는 인력을 구한다는 광고를 계속하고 있었지만 인종차별적 편견에 사로잡힌 인사담당 여직원은 그녀의 입사원서를 받지 않았다. 그럼에도 그녀는 의지를 꺾지 않고 받아들여질 때까지 원서를 계속 제출했다.

나중에 그녀는 이렇게 결론지었다. "그 불행한 만남은 나와는 아무런 관련이 없었다. 편견을 가진 여직원과 구체적으로 내가 누구인지와는 아무 상관이 없었다. 그 사건은 어리석은 백인들에 의해 만들어진 반복되는 악몽이었고 조작된 세월이었다. 그 직원과 나는 연극 마지막 장면의 햄릿과 라에르테였다. 조상들이 서로에게 만들어놓은 원한이 우리를 생사의 결투에 나서게 했다. 또한 연극은 어떻게든 끝나야 하기 때문에 나는 좀 더 나아가 그 직원을 용서하는 대신에 허수아비가 된 같은 희생자로서 동료로 받아들였다."

안젤루는 화나는 대로 행동해서 스스로 난관을 만들지 않았다. 오히려 더욱 굳은 의지력을 발휘해 샌프란시스코 최초의 흑인 전차 차장이 되었다.

사랑하는 사람들을 위한 연민

화의 원인이 사랑하는 사람이라면 상황은 훨씬 더 힘들어진다. 틱낫한은 『화』에서 남편과 아내가 심각한 불화를 겪고 있는 상황을 어떻게 해결할 것인가에 특별한 주의를 기울였다. 그는 연민을 담아 상대방의 대화를 귀 기울여 듣는 것이 얼마나 큰 힘을 발휘할 수 있는지에 대해 이야기한다.

나는 북미에 거주하는 어느 여성을 알고 있다. 그녀는 가톨릭 신자인데 남편과의 불화로 큰 고통을 겪고 있었다. 두 부부는 고등교육을 받은 사람들이었다. 모두 박사학위를 받았다. 그런데도 남편은 고통에 힘들어하고 있었다. 그는 아내뿐만 아니라 애들 모두와 전쟁을 치르고 있었다. 가족 구성원 모두가 그를 피하고 있었다. 왜냐면 그는 마치 폭발하기 직전의 폭탄 같은 상태였기 때문이다.

남편의 화는 어마어마했다. 그는 아내와 아이들이 자신을 경멸하고 있다고 믿었다. 아무도 그의 근처에 오려 하지 않았기 때문이다. 실제로는 아내와 아이들 모두 전혀 그를 경멸하지 않았다. 그들은 단지 그를 두려워했다. 그는 언제든 폭발할 수 있기 때문에 가까이 다가서는 것은 위험했다.

어느 날 아내는 더 이상 견디기 힘들어 자살하려고 했다. 그녀는 이런 상황 속에서는 한시도 더 살아갈 수 없다고 생각했다. 그러나 자살을 실행하기 전에 불교 수행을 하고 있는 친구에게 전화를 걸어 자기가 무슨 일을 하려는지를 알렸다. 친구는 그녀를 여러 번 초청해서 고통을 줄일 수 있는 명상을 체험해보라고 권유했다. 그러나 그녀는 종교적 이유로 계속 거절했다. 가톨릭 신자로서 불교의 가르침을 따르거나 수행할 수 없다고 이야기했다.

불교도인 여자가 친구의 자살 계획을 알게 된 그날 오후 그녀는 수화기 너머로 이렇게 말했다. "너는 나를 친구라고 부르면서 이제 죽겠다고 하는구나. 내가 너에게 부탁한 오직 한 가지는 내 스승의 말에 귀를 기울여보라는 것이었지만 너는 거절했었지. 네가 나를 친구로 생각한다면 제발 지금 당장 택시를 타고 와서 이 테이프를 들어보렴. 그런 다음에도 죽고 싶으면 네 마음대로 하렴."

가톨릭 신자인 여자가 도착하자 친구는 그녀를 거실에 홀로 앉힌 뒤 테이프를 재생하여 부처의 가르침을 들려줬다. 한 시간쯤 지나자 그녀는 내면에서 아주 깊은 변화의 징조를 느꼈다.

그녀는 많은 것을 깨달았다. 자신의 고통에 스스로도 부분적인 책임이 있다는 사실을 알았고 남편에게 자신이 많은 고통을 주고 있다는 사실도 알 수 있었다. 남편에게 아무런 도움을 줄 수 없었다는 사실을 깨달았다. 실제로 그녀가 남편을 피했기 때문에 날마다 그의 고통을 더욱 가중시키고 있었다. 그녀는 가르침을 통해 다른 사람을 돕기 위해서는 깊은 연민을 간직한 채 상대방의 이야기에 귀를 기울여야 한다는 사실을 배웠다. 그것은 지난 5년간 그녀가 할 수 없었던 대단한 일이었다.

부처의 가르침을 들은 후 그녀는 힘을 얻었다. 당장 집으로 달려가 남편을 돕기 위해 대화를 시작하려 했다. 그러나 친구는 이렇게 말했다. "아직은 안 돼. 오늘은 아니야. '연민을 가지고 경청하기'는 매우 깊은 가르침이야. 보살처럼 경청할 수 있으려면 한 주에서 두 주 정도 수련을 더 해야 돼." 그래서 그녀는 가톨릭 친구를 초대해 깊은 수행을 위한 명상모임에 참여시켰다.

명상모임에는 450여 명의 사람들이 참여하고 있었다. 엿새 동안 같이 먹고 자며 함께 수련을 했다. 그 시간 동안 모든 참여자는 마음으로 호흡하기를 연습했다. 몸과 마음으로 들숨과 날숨을 인식했다. 걷기명상을 통해 한 걸음 한 걸음에 본인 자신을 100퍼센트 집중했다. 자신 안에 자리 잡고 있는 고통을 인식하고 껴안기 위해 명상호흡, 걷기, 좌선을 수련했다.

참가자들은 부처의 가르침을 듣기만 한 것이 아니라 서로에게 '경청하기'와 '애정을 가지고 말하기'를 실습했다. 다른 사람의 고통을 이해하기 위해 마음을 다하여 경청하려 노력했다. 아내는 생사의 문제가 달려 있었기 때문에 매우 진지한 자세로 수련에 임했다.

집에 돌아왔을 때 그녀의 편안한 마음속에는 남편에 대한 연민으로 가득 차 있었다. 그녀는 남편을 도와 그의 마음속 고통을 해결할 수 있기를 바랐다. 그녀는 매우 천천히 행동했고 고요하게 호흡했으며 연민의 자세를 보였다. 그녀는 걷기명상을 실천했고 남편은 아내가 달라졌다는 것을 알았다. 마침내 그녀는 남편에게 다가가 옆에 조용히 앉았다. 지난 5년간 절대 하지 않았던 일이었다.

그녀는 매우 긴 시간을 침묵했다. 아마 10분쯤 되는 시간이었다. 그런 후 아내는 살며시 자신의 손을 남편 손에 얹은 후 말했다. "여보, 당신이 지난 5년간 많이 힘들었다는 것을 알아, 미안해. 당신이 힘들었던 이유에는 내 책임이 크다는 것도 알아. 당신을 돕지도 못했을 뿐더러 사정을 더 어렵게 했지. 많은 실수를 했고 그래서 당신을 더 아프게 했어. 정말 미안해. 이제 당신이 내게 새로 시작할 수 있는 기회를 줬으면 해. 당신을 행복하게 해주고 싶지만 방법을 모르겠어. 내가 날마다 상황을 악화시켰기 때문이지. 이런 상황을 더 이상 계속하기 싫어. 그러니 여보, 제발 도와줘. 당신을 더 잘 이해하고 사랑할 수 있게 당신의 도움이 필요해. 제발 마음속에 담고 있는 생각을 말해줘. 당신이 많이 힘든 줄 알지만 예전처럼 실수를 반복하지 않기 위해서는 당신의 아픔을 내가 알아야 돼. 당신 없이는 할 수 없어. 당신을 아프게 하지 않기 위해 당신이 나를 도와줘야 돼. 나는 오직 당신을 사랑할 수 있기만을 원해." 그녀가 남편에게 이렇게 이야기하자 남편은 울기 시작했다. 마치 어린아이처럼 소리 내어 울었다.

매우 오랜 기간 동안 그녀는 남편에게 냉랭했다. 그녀는 항상 소리를 질렀고 말 속에는 분노와 냉소, 원망, 비판이 가득 차 있었다. 오로지 다투기만 했다. 그녀가 이렇게 부드러움과 사랑을 담아 말을 건네는 것은 몇 년 만에 처음이었다. 그녀는 남편이 우는 것을 보고 기회가 아직 남아 있다는 것을 알았다. 남편 마음의 문은 닫혀 있었지만 이제 다시 열리려 하고 있었다. 그녀는 매우 조심스럽게 접근해야 한다는 걸 알았다. 그래서 명상호흡을 계속 유지했다. 그녀는 말했다. "여보 제발 당신 마음속을 내게 말해줘. 내가 실수를 계속하지 않을 수 있게, 더 잘할 수 있는 방법을 배우고 싶어."

아내 또한 남편처럼 박사학위를 지닌 지성인이었지만 두 명 모두 상대방에게 연민을 가지고 귀를 기울이는 방법을 몰라 고통을 겪었다. 그러나 그날 밤 그녀는 훌륭했다. 그녀는 남편의 말을 공감하며 듣는 데 성공했다. 둘 모두의 아픈 상처를 치유하는 밤이 되었다. 함께 몇 시간을 보낸 후 그들은 서로 화해할 수 있었다.

주차장 사건에 비해서 내가 겪은 소매치기는 훨씬 용서하기 힘든 경험이긴 했지만 이번 아내의 이야기는 차원을 달리하는 상황이다. 많은 사람들이 양육자나 형제들과 불화를 안고 산다. 사랑하고 있는 사람이나 사랑했던 사람들은 우리에게 깊은 상처를 줄 수 있다. 차라리 모르는 사람들이 준 상처는 훨씬 더 쉽게 용서하고 잊을 수 있다.

그러나 오랜 세월을 얼어붙은 감정으로 보낸 상황이라고 하더라도 우리는 화를 연민으로 승화시킬 수 있다. 나 자신뿐만 아니라 불화를 겪고 있는 상대방 모두를 위해서다. 이 이야기의 위대한 화해는 아내가 적극적으로 나서면서 가능했다. 그녀는 자살충동을 느낄 정도로 고통에서 벗어나는 데 필사적이었다.

틱낫한에 따르면 불화하는 상대방을 마주할 때 변화를 위해 사용할 수 있는 가장 강력한 무기는 다음과 같은 경청이다. "비판, 비난 아니면 분석을 하려는 목적으로 듣는 것이 아니다. 오직 상대방이 마음을 토로하고 고통으로부터 구원을 찾는 것을 도우려 듣는다. 상대방의 고통을 진심으로 나누어 느낄 때 본인의 마음속 모든 것을 이야기할 수 있는 권리가 생긴다. 그렇게 해야 한다. 상대방도 모든 것을 알 권리가 있기 때문이다." 그러나 반드시 인내하며, 친절하고 애정을 담은 말을 사용해야 한다.

만약 본인의 고통을 나누고 상대방의 고통을 인식하는 데 성공했다면 이제 관계를 사랑으로 발전시킬 수 있는 준비가 된 것이다. 아마 한 번도 경험해본 적이 없는 날아갈 듯한 행복감을 느낄 수 있을 것이다.

화를 연민으로 승화시키는 기쁨은 인생을 변화시킨다. 기독교, 이슬람교 신자거나 유대인이든 무신론자이든 상관없다. 무엇을 믿느냐와 관계없이 화를 승화시킴으로써 더 나은 인간이 된다. 한 번 성공하면, 내가 장담하건대, 다시 반복하고 싶은 경험이 될 것이다.

12장

화를
안 냈더니

정말 화를 내기를 원하는가?

만약 '그래'가 답이라면 다시 물어라.

'왜?' 상대방이 본인의 화를 받아야 마땅하다고

대답한다면 또 자신에게 물어라.

본인이 마땅히 화를 낼 자격이 있는지.

세상에 존재하는 모든 지식과 경험을 다 동원하더라도 화를 포기하는 일은 쉽지 않다. 화는 인간의 기본 감정일 뿐만 아니라 그 속에 쾌락과 이득이 있다고 유혹하기까지 한다. 그 누구도 화로부터 완전히 자유롭지 않다. 화를 대하는 자세를 변화시키면서 느낀 장점들에도 불구하고 이를 극복하는 일은 지속적인 노력이 필요하다.

화를 품고 사는 것은 평생에 걸쳐 집에 손님을 모시고 사는 것과 같다. 그는 너무 오래 머물러 있었기 때문에 확실히 내보낼 수 있을지 불분명하다. 손님은 거의 항상 혐오스런 자세로 나와 가족, 이웃, 회사 동료들과의 관계를 소원하게 만든다. 그가 개입하면 관련된 모든 사람들과의 관계가 악화된다. 그럼에도 어떻게 된 일인지 그가 자신의 인생에 당연한 손님이며 도움을 준다고 생각한다.

이제 우리는 그를 쫓아낼 수 있다는 사실을 알았다. 그래서 행동에 나서면 그는 항의하며 자신 없이는 살아갈 수 없다고 설득해올 것이다. 사람들이 갖은 방법으로 이용해 먹으려 들 것이라고 협박할 것이다. 인생에 무언가 나쁜 일이 생기면 그는 다시 나타나서 나를 내쫓지 않았다면 이런 일은 없었을 것이라고 속삭일 것이다. 그는 아마 설득에 성공해 다시 돌아오거나 몰래 숨어들 것이다. 그럴 때마다 우리는 계속 반복해서 그를 추방해야 한다.

화내지 않기 위한 노력이 성공하고 있다는 것은 어떻게 확인할 수 있을까? 각 단계를 성공적으로 밟아나가면 무슨 일이 발생하는가? 화를 완벽하게 통제하지 않아도 우리는 그 결과를 확인할 수 있다. 삶 속에서 화의 양을 줄이면서도 원하는 바를 더 쉽게 이룰 수 있다는 것을 알게 된다. 화를 내며 사람들을 다루는 것은 그들을 밀어내고 인간 본성인 그들의 선한 마음의 출구를 틀어막는 것과 같다.

수많은 반대 증거에도 불구하고 우리 사회는 아직 화를 내는 사람들이 강자고 화를 내지 않는 사람들은 약자라고 당연시한다. 마더 테레사, 마틴 루터 킹, 마하트마 간디, 넬슨 만델라의 업적은 오직 진정한 강자만이 이룰 수 있는 일이다.

데스먼드 투투 대주교가 이끄는 '진실과 화해를 위한 남아프리카 위원회'는 아파르트헤이트를 주도한 범죄자들을 불러내어 희생자와 희생자 가족들을 대면한 상태에서 본인들의 잔인한 인종분리법 집행 범죄를 고백하게 했다. 그에 대한 화답으로 그들은 가장 흉악한 범죄에 대해서도 사면을 받았다. 위원회는 '우분투ubuntu'라는 사상에 근거해 일을 처리했다. 투투 대주교는 아래와 같이 우분투를 설명한다.

우분투는 인간이라는 존재의 본질이다. 우분투는 특히 우리가 고립된 인간으로 존재할 수 없다는 점을 이야기한다. 상호연관성을 의미한다. 우리 모두는 혼자서는 인간이 될 수 없다. 그리고 이런 자질을 가질 때 인간은 관대함을 보여준다.

우리는 자신을 너무 자주 타인과 분리된 개인으로 생각한다. 실제로 우리는 서로 연결되어 있고 개인이 한 행동은 전체 세계에 영향을 미친다. 선한 행위를 하면 이는 퍼져 나가고 전체 인간성으로 합쳐진다.

위원회 절차가 진행되면서 많은 희생자와 생존자들은 사랑하는 사람들을 불구로 만들고 살인, 고문을 한 범죄자들이 고백하고 참회하는 걸 지켜보면서 복수심이 줄어들고 용서가 가능해졌다. 그들이 느낀 뚜렷한 감정은 더 이상 무력하지 않다는 점이었다. 피해자이면서도 떨쳐버리지 못했던 죄책감의 짐을 벗을 수 있었다. 양육자가 살해당하는 장면을 목격한 어린이는 그때가 돼서야 처음으로 양육자님의 죽음을 막지 못한 책임이 자신에게 없다는 점을 이해했다. 그렇게 범죄자와 희생자의 인간성 공유가 화와 죄책감을 떨쳐버릴 수 있게 했다.

화 다스리는 법에 대해 책을 쓰고 강연을 하면서도 나는 아직 화가 난다. 그리고 이따금 의외의 경로로 내가 정신을 차릴 수 있게 도와주는 상황을 만난다. 최근에 집을 리모델링하기 위해 필요한 물건을 사러 공구점에 들른 적이 있다. 그런데 점원이 내가 원하는 물건을 계속 잘못 이해하기를 반복하자 혈압이 오르기 시작했다. 나는 '화를 내야만 이 젊은이가 내가 원하는 대로 움직일 것 같은데'라고 생각했다. 이 생각을 막 행위로 옮기려는 순간 뒤쪽에서 이렇게 말하는 소리가 들렸다. "너도 알다시피 나는 10년 전부터 화를 내지 않기로 결심했어." 뒤를 돌아보니 1미터도 안 되는 거리에서 40대의 점원이 20대의 점원에게 이야기를 하고 있었다. 나이 먹은 점원은 계속 말했다. "화는 문제를 해결하기보다는 더 많은 문제를 만들어낸다는 것을 깨달았지." 나는 제정신을 차리고 인내를 가지고 다시 나를 담당하는 점원과 이야기를 시작했다.

이 에피소드를 내 스승인 패트릭 호크에게 전하자 그는 보다 깊은 의미를 담아 설명했다. "화와 같은 관념들에 대해 마음을 비우면 더욱 인식의 폭이 넓어지고 전에는 보지 못했던 당신 주변의 모든 것들에 대해 마음의 문이 열립니다"라고 그는 말했다. "기적처럼 느껴질 수도 있지만 그렇지 않습니다. 이전부터 당신 곁에 존재했던 일들입니다." 그가 의미하는 바는 최근 에피소드에 국한된 이야기가 아니라고 나는 이해했다. 우주는 우리가 원하지 않는 것들을 나눠 주기도 하지만 이는 새로운 행복과 기쁨의 원천이 될 수도 있다는 것이다. 이를 인식하지 못할 때 우주는 우리 의식 속으로 나쁜 기운을 뻗쳐 오고, 선한 기운은 우리의 선입견, 잘못된 판단, 고정관념 등에 의해 어둠에 묻혀 보이지 않게 된다.

결단력 있는 자세로 집중해야 화를 포기할 수 있다. 아메리카 원주민 사이에 전해 내려오는 이야기가 있다.

어느 날 저녁에 나이를 먹은 체로키 인디언이 그의 손자에게 모든 사람의 마음속에 벌어지는 전쟁에 대해 이야기를 해주고 있었다. 그는 말했다.

"얘야, 우리 모두의 마음속에는 두 마리의 '늑대'가 싸우고 있단다. 한 마리는 악마란다. 악마는 화, 질투, 부러움, 슬픔, 후회, 탐욕, 교만, 자기연민, 범죄, 분노, 열등감, 거짓말, 자만심, 거만함, 고집 같은 것들이란다. 다른 한 마리는 천사란다. 기쁨, 평화, 사랑, 희망, 행운, 겸손, 친절, 자비심, 공감, 관대, 진실, 연민, 믿음 등을 준단다."

손자는 한동안 생각에 잠기더니 할아버지에게 물었다.

"누가 이겨요?"

늙은 체로키 인디언은 말했다.

"네가 먹이를 주는 늑대가 이기겠지."

이 책의 결론은 독자가 스스로 내려야 한다. 화가 인생에 미치는 영향을 바꾸기를 원하는가 아니면 기존 삶의 방식을 유지할 것인가? 선택은 당신에게 달려 있다.

여기까지 읽었다면 이제 숨은 화를 품고 다니는 것이 바람직하지 않다는 것을 알아야 한다. "화날 때 읽어라"라는 카드가 이 책의 맨 뒤에 있다. 원한다면 옮겨 적어 지갑에 넣고 다녀라. 분명히 제 역할을 할 것이다. 화가 날 때 카드를 읽고 자신에게 물어라. '정말 화를 내기를 원하는가?' 만약 '그래'가 답이라면 다시 물어라. '왜?' 상대방이 본인의 화를 받아야 마땅하다고 대답한다면 또 자신에게 물어라. 본인이 마땅히 화를 낼 자격이 있는지.

아직도 화가 남아 있다면 이 책을 다시 한 번 읽는 것이 도움이 될 것이다. 배운 바를 적용해보려는 의식적인 노력을 한 후라면 또 다른 의미를 발견할 수 있을 것이다. 독자들이 화를 다스리는 노력 속에서 어떤 장점들을 발견했기를 바란다. 그리고 포기하지 않고 이 길을 계속 걸어갔으면 한다. 삶의 다른 많은 일들처럼 우리는 다시 시작하고 또 다시 시작해야 한다.

이 책에서 배울 수 있는 거의 모든 것이 아래 『법구경法句經』의 내용으로 요약된다.

마음은 모든 행동의 선행자다.

모든 행위는 마음이 이끌고 만든다.

누군가 타락한 마음으로 말하고 행동하면,

고통이 따라온다.

수레를 끄는 황소의 발굽을 바퀴가 따라가듯이,

마음은 모든 행동의 선행자다.

모든 행위는 마음이 이끌고 만든다.

누군가 평온한 마음으로 말하고 행동하면,

행복이 따라온다.

자신의 그림자처럼 확실하다.

그가 나를 학대하고, 욕하고, 도둑질하고, 패배시켰다.

이런 생각을 품고 있으면 증오가 생겨난다.

이런 생각에서 해방되면 평생의 증오가 사라진다.

증오가 증오를 지우지 못한다.

오직 애정 어린 친절만이 증오를 녹인다.

이 법칙은 예나 지금이나 영원하다.

화날 때 읽으세요

- 화는 파괴적인 감정이다.

- 화로 피해를 입는 첫 번째 사람은 바로 나다.

- 화를 내며 행동하면 비이성적으로, 분명히 바보처럼 행동하게 된다.

- 선택을 통해 나는 인생에서 화의 총량을 줄일 수 있다.

- 화가 줄어들면 나는 더욱더 일을 잘하고 행복해질 것이다.

- 가즈아키 다나하시, 『바보들의 무리A Flock of Fools: Ancient Buddhist Tales of Wisdom and Laughter from the One Hundred Parable Sutra』, Translated by Peter Levitt(New York: Grove Press, 2004)

- 가즈아키 다나하시, 『선의 기본Essential Zen』, Edited by Tensho David Schneider(New York: HarperCollins, 1995)

- 렙 앤더스, 『올곧은 존재Being Upright: Zen Meditation and the Bodhisattva Precepts』(Berkeley, Calif.: Rodmell Press, 2001)

- 로버트 서먼, 『분노Anger: The Seven Deadly Sins』(New York: Oxford University Press, 2005)

- 로버트 서먼, 『티베트불교의 기본Essential Tibetan Buddhism』 (San Francisco: HarperCollins, 1999)

- 사콩 미팜, 『내가 누구인가라는 가장 깊고 오랜, 질문에 관하여 Ruling Your World: Ancient Strategies for Modern Life』(New York: Broadway Books, 2005)

- 스즈키 순류, 『선심초심Zen Mind, Beginner's Mind』(New York & Tokyo: Weatherhill, 1986)

- 잭 콘필드, 『깨달음 이후 빨랫감After the Ecstasy, the Laundry: How the Heart Grows Wise on the Spiritual Path』(New York: Bantam Books, 2001)

- 존 타란트, 『어둠 속의 빛The Light Inside the Dark: Zen, Soul, and the Spiritual Life』(New York: HarperCollins, 1998)

- 텐진 가초, 『달라이 라마의 마음공부An Open Heart』(New York: Little, Brown, 2001)

- 텐진 가초, 『명상으로 얻는 깨달음Healing Anger: The Power of Patience from a Buddhist Perspective』, Translated by Geshe Thupten Jinpa(Ithaca, N.Y.: Snow Lion Publications, 1997)

- 텐진 가초·하워드 커틀러, 『당신은 행복한가The Art of Happiness』 (New York: Riverhead Books, 1998)

- 툽텐 초드론, 『화Working with Anger』(Ithaca, N.Y.: Snow Lion Publications, 2001)

- 틱낫한, 『화Anger: Wisdom for Cooling the Flames』(New York: Riverhead Books, 2001)

- 페마 초드론, 『자연스러운 마음의 따뜻함The Natural Warmth of the Heart』 (Shambhala Sun. November 2009)

- 페마 초드론, 『마음을 열고 평화롭게Don't Bite the Hook: Finding Freedom from Anger, Resentment, and Other Destructive Emotions』 (Boston: Shambhala Audio, 2007)

- 폴 렙스와 뇨겐 센자키, 『나를 찾아가는 101가지 선 이야기Zen Flesh, Zen Bones』(North Clarendon, Vt.: Tuttle Publishing, 1985)

- 하리스찬드라 카비라트나, 『법구경: 부처의 지혜Dhammapada: Wisdom of the Buddha』(Pasadena, Calif.: Theosophical University Press, 1980.

: : 감사의 말

　수전 에드미스턴은 자신을 불교의 세계로 이끌어준 덴쇼 데이비드 슈나이더에게 감사의 말을 전한다. 이 책을 위한 지속적인 영감과 도움을 준 소산 빅토리아 오스틴과 샌프란시스코 선센터의 승가僧伽와 스승들에게도 감사의 말을 전하며 그들의 지혜와 평정심, 자비심이 온 세계로 퍼져 나가기를 바란다.

　이 책을 펴내기까지 내 친구이자 에이전트인 안드레 아베카시스가 전해준 소중한 조언 그리고 계약 과정에서의 에이전트 로리 하퍼의 도움에도 감사한다. 편집 과정에서 인내와 품위를 보여준 루스 설리반과 이 책을 믿어준 피터 워크맨에게도 큰 감사를 보낸다.

　레너드 셰프는 존 타란트와 패트릭 호크 로시 신부에게 감사의 말을 전한다.

누구도 나를 화나게 하지 않았다

1판 1쇄 찍음 2022년 8월 23일
1판 1쇄 펴냄 2022년 8월 30일

지은이 레너드 셰프·수전 에드미스턴
옮긴이 윤춘송
펴낸이 조윤규
편집 민기범
디자인 홍민지

펴낸곳 (주)프롬북스
등록 제313-2007-000021호
주소 (07788) 서울특별시 강서구 마곡중앙로 161-17 보타닉파크타워1 612호
전화 영업부 02-3661-7283 / 기획편집부 02-3661-7284 | 팩스 02-3661-7285
이메일 frombooks7@naver.com

ISBN 979-11-88167-67-8 03190

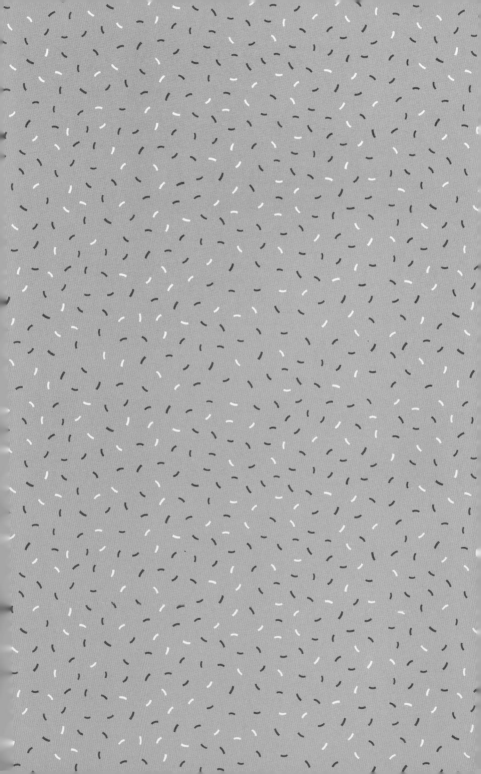

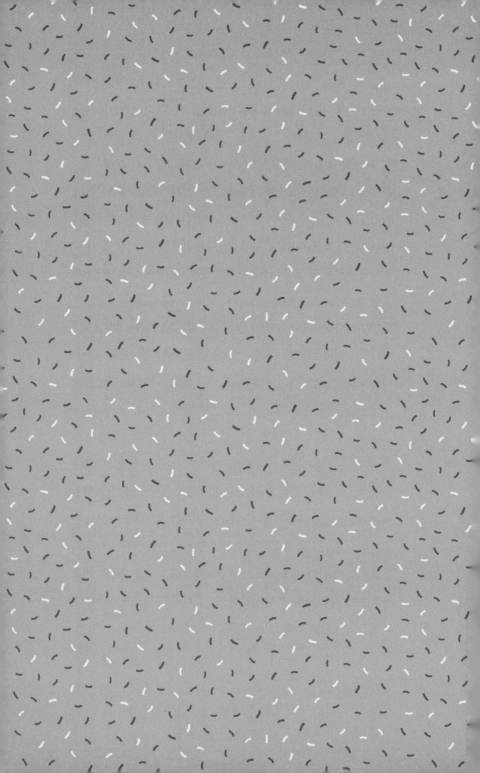